田舎はいやらしい

地域活性化は本当に必要か？

花房尚作

光文社新書

はじめに

過疎地域とは

過疎地域とは、人口減少と高齢化が進んだため、地域社会の機能が低下し、生産機能及び生活環境の整備等が他の地域と比較して低い状態に置かれている地域を指す。

私がその過疎地域で暮らし始めたのは小学校五年生の冬だった。両親の都合で埼玉県川口市のマンモス校といわれた小学校から、鹿児島県の全校生徒五十人程の小学校に転校した。一クラス五十人から全校生徒五十人になったのだから、かなりのカルチャーショックがあった。多彩な方言に加えて訛《なま》りも独特で、まるで違う国にやってきたみたいだった。教室には机と椅子がぽつんぽつんと並んでいて、これまでのように集団に紛れて隠れられなくなった。何もかもお見通しといった中で、生活から「裏」が消滅して「表」のみになった。

その表のみの生活は子どもの私にとって心地がよいものだった。まわりから競争の概念が消えて揉《も》まれなくなり、気持ちが楽になったのを覚えている。何より担任の教師がしっかり見てくれている安心感があった。そうしたこともあり、野山を駆けまわるような年齢までは、のびのびとした過疎地域で育つのも悪くないだろう。

ただし、子どもから大人になっていく中学生時代や、大人としての準備を始める高校生時代は事情が違ってくる。実際に都心で育った子どもの方が、自ら進んで多様な社会と結び付くため思考が柔らかく、コミュニケーション能力も高くなる。都心にはたくさんの人との出会いがあり、たくさんのチャンスが転がっている。その気になれば一流の人とも触れ合える。子どもに活力を与えて、多様性や自主性を育みたいのであれば、裏のある揉まれた環境で育てるべきだろう。

残念ながら私は、これとはまったく逆の道を歩んでしまった。そのため、どれほど人生に出遅れてしまっただろう。子どもの頃からもっともっと多様な人びとと触れ合っていたら、もう少しマシな人間になっていたのではないだろうか、といった思いが、いつも私の心の奥底にある。

呆れるほど窮屈な暮らし

過疎地域での暮らしは不条理なほど地域のしばりが強くて、呆れるほど窮屈であり、驚くほど行動範囲が狭かった。

国鉄が民営化されてＪＲになったのは中学生のときだった。国鉄時代はどれほど乗客がいなくても運行するしかなかった赤字路線が、民営化で次々と廃線になった。それにより、私が暮らしていた過疎地域から駅がなくなった。主な公共交通手段はバスで、しかも朝方と夕方の二便しかなかった。ここは過疎地域だと頭で理解していても、その不便さに中学生ながら呆れていた。学生の移動範囲は自転車での移動圏内、せいぜい校区内といったところである。十六歳で原動機付自転車の免許を取得してようやく隣の市まで移動範囲が広がった。ゆえに、自分の判断で自由に移動ができないもどかしさが常にあった。

都心と過疎地域の大人の違いは子どもの私にもすぐに分かった。言葉の重みや深さが違っていた。そこには洗練された感覚や、積み重ねられた教養のようなものはあまり見受けられなかった。思春期の多感な子どもに従順さのみを押し付けて、「あれもするな」「これもするな」といった具合に、その多感さを抑え込んでいた。そうした抑え込みに反発すれば「とんでもない」といった具合に叱られるのである。

私は過疎地域から離れたくて仕方がなかった。しかし、子どもである限り、高校を卒業するまでは過疎地域で暮らすしかなかった。その中で私は方言や訛りを覚えず、標準語にこだわることで、いずれ関東圏に戻るという明確な意識を持ち続けていた。それは両親やまわりの大人たちにも伝わっていた。鹿児島弁を話さない私と距離を置く大人もいたし、そうでない大人もいた。

東京から再び過疎地域へ

高校を卒業した私は過疎地域を離れて福岡市に住み、その後、アメリカのボストンで二年間暮らしたのち、ようやく関東圏の東京都で暮らし始めた。そのため、よくいわれる上京という感覚はまったくなかった。関東圏に戻ってきたのだし、その前に渡米していたこともあって、日本に帰国したという感覚しかなかった。それについては一般的な地方出身者とは違った。

東京都での暮らしが立ち行かなくなったのは木枯らしが舞う季節だった。日比谷公園の年越し派遣村が話題になった時期で、あのときは本当にろくな仕事がなかった。日本経済は相変わらず停滞しており、ワーキングプアや格差社会といったフレーズはもう古ぼけたものになっていた。勝ち組と負け組の溝は埋まるどころか、どんどん広がっていく一方だった。いよいよ家賃を払えなくなることが現実化してきて、ホームレスになるか、両親の住んでいる過疎地域に避難するかの選択に迫られた。両親が空き家を持っていて、いざとなったら過疎地域に避難する術《すべ》があるのは知っていた。東京を離れれば文化的な生活ができなくなることも知っていた。東京と過疎地域ではそこにある刺激や空気感がまったく違った。ひとたび東京を離れてしまえば二度と文化的な空気の中で息ができなくなる。

……でも、それどころではなかった。

東京都を離れる日、引っ越し業者がやってきて部屋に残った一切合切をトラックに積み込んだ。生活感のなくなった部屋は私の心と同じくらい空っぽだった——。

これまでとは異なる選択肢

第一部の過疎地域批判は、過疎地域で暮らすようになって六年目にまとめたものである。

都心から過疎地域に移住した者によくある疑問が第一部の主体になる。それは地域住民への違和感であり、地方自治体への違和感であり、中央政府への違和感だった。そして、自分自身への違和感でもあった。

　私たちはついつい日本人は同じ行動様式で暮らしていると思いがちである。それがじつは違っていた。過疎地域には過疎地域の行動様式があり、都心には都心の行動様式があった。そうした事柄について、都心で暮らしていた者の視点から過疎地域を批判し、過疎地域で暮らしている者の視点から自分自身を批判したのが第一部である。

　第二部の過疎地域分析は、過疎地域で暮らすようになって十二年目にまとめたものである。これまで過疎地域の活性化に関して積み重ねられてきた社会学の諸研究について検証し、過疎地域が抱える問題点を浮き彫りにしたうえで、文化人類学の側面から過疎地域で暮らしている人びとが持つ保守性と閉鎖性について分析した。それにより従来の諸研究が陥ってしまった過疎地域の活性化策から脱却し、現実に沿ったかたちで過疎地域の在り方を考察している。

　第一部と第二部を通じて、私が伝えたかった事柄は次のようなものである。

都心で暮らしている者が持つ過疎地域に対する誤った認識。過疎地域で暮らしている者が持つ保守性と閉鎖性に依存するという、行動様式の中の幸せ。この二つの橋渡しとしての役割を果たし、現行の過疎地域対策とは違う選択肢を提示したかった。

本稿が少しでも過疎地域の人びとのお役に立てるなら幸いである。

田舎はいやらしい　地域活性化は本当に必要か？　目次

本稿のキーワード

第一部：「現状維持」「ゆるやかな後退」「既得権益」

第二部：「保守性と閉鎖性」「田舎のいやらしさ」「長い物には巻かれろ」

注1：本文中の〔〇〇〇〇年〕表記は、巻末に記載の参考文献を示しています。その事柄について詳しく知りたい場合は参考文献をあたってください。

注2：本稿において「都心」とは主に東京都を指し、「都市」とは県庁所在地などの都市部を指します。

注3：本稿において地方と中央、自治体と政府の対比を明確にする目的から、政府機関の表記を国とはせず中央政府としています。そもそも国という言葉の意味合いは曖昧であり、風土、地域、伝統、歴史、または国全体を示すこともあります。国という言葉は便利である反面、漠然としていて捉えどころがないと筆者は考えております。

第一部

過疎地域批判

――現状維持という名のゆるやかな後退

2016年度

過疎関係市町村	797
過疎市町村	616
過疎地域とみなされる市町村	30
過疎地域とみなされる区域を有する市町村	151
過疎地域とみなされる区域	293
特定市町村	ナシ

2021年度

過疎関係市町村	820
過疎市町村	650
過疎地域とみなされる市町村	21
過疎地域とみなされる区域を有する市町村	149
過疎地域とみなされる区域	326
特定市町村	48

＊全市町村1718（東京都特別区を除く）

過疎関係・市町村別分布図（2021年版）

（区分解説：第二部・第二章「過疎地域対策法」にて）

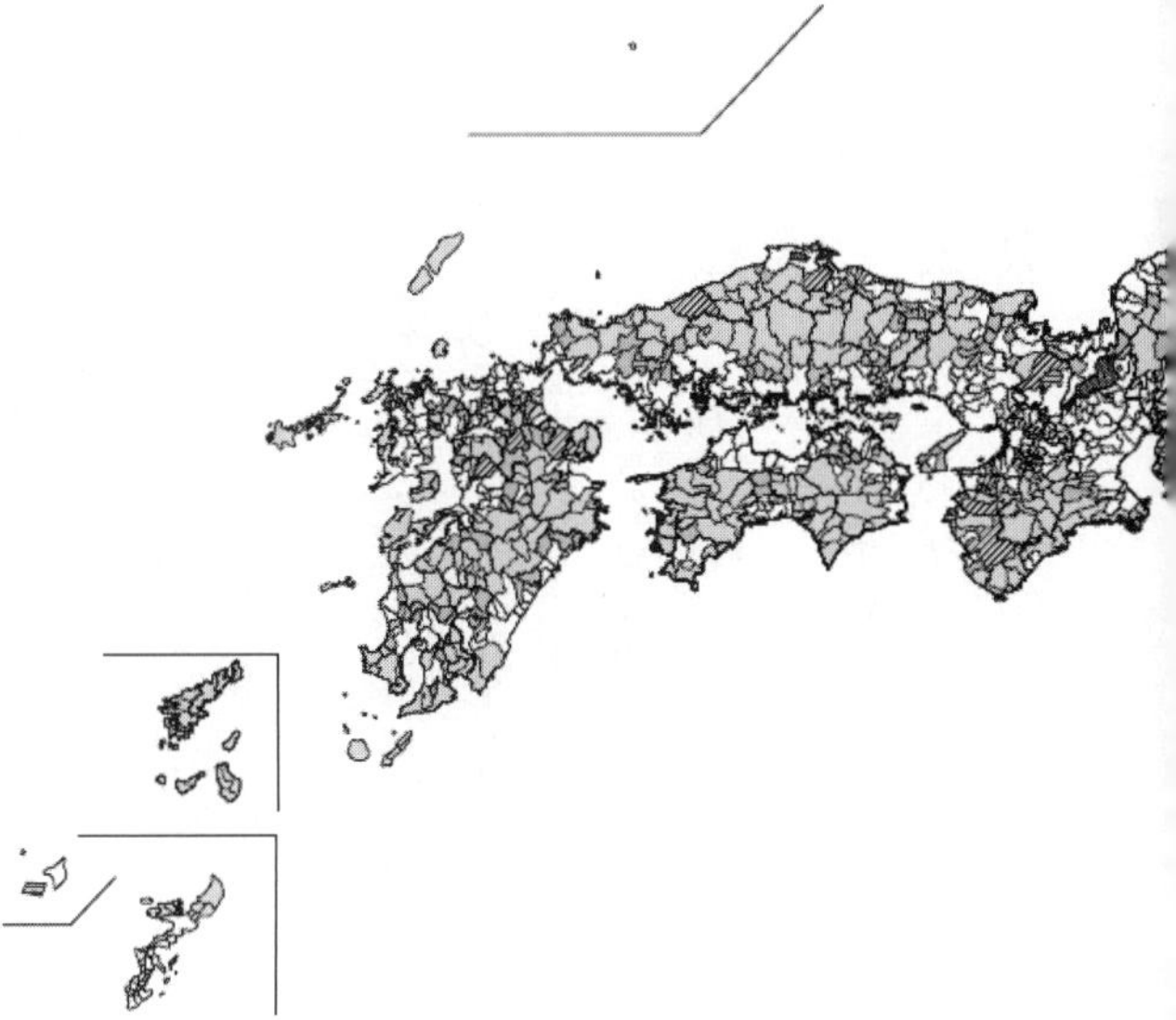

第一部を始める前に、批判的思考〔２０１３年〕について述べておく。なぜなら、過疎地域を考察するうえで批判的思考はとても大切だからである。

過疎地域は、社会的な弱者として一般的にイメージされている。その弱者の立場である過疎地域を批判してはいけないといったタブーが、私たちの社会には存在している。

私の手元には過疎地域を扱った出版物がたくさんあるが、そのほとんどは過疎地域を好意的に描いている。のどかな田園風景が広がり、清く正しく美しい人びとが聖人のように触れ合う天国のような過疎地域である。個人ないし企業が、自らのイメージを上げる手段として、過疎地域を利用しているケースもよくある。仲間同士で仲よく地域活性化を進めている様を美しい物語として描くといったものだ。

しかし現実は違った。

のどかな田園風景の裏には摩擦や葛藤といった泥臭さが潜んでいた。そこには田舎の持ついやらしさや息遣いがあった。「なんとなく気に食わない」「どうにも馴染みがない」といった理由で他者を叩きのめし、排除していた。そのような一面も過疎地域にはある。

一つの商売として過疎地域を取り扱う場合、過疎地域を好意的に描くのは仕方がなかった。人と人とが付き合っていくうえで、そうした配慮の意識はどうしても強くなる。それゆえに、それだからこそ、過疎地域の考察には批判的思考が必要だった。

批判には責任が伴う。

批判的思考において大切なことは、相手を批判したうえで、自らも批判することにある。同じように自らも批判することで、いろいろなものが見えてくる。

批判と非難は違う。

ただ遠くから見て、よく調べもせず、そのとき思ったことを口にして他人を罵《ののし》るのは非難である。相手の欠点や過失を取り上げて一方的に叩く。「矛盾を指摘して追い詰めてやろう」「非難して困らせてやろう」「とにかくマウントを取ろう」――このような非難は誰でも簡単にできるため、社会の中で一定の需要がある。それを面白がる者がたくさんいるのも事実である。

批判的思考はそれとは違う。

相手の言葉に耳を傾けて、そこに流れる感情を的確に掴み取り、自分と相手との差異を把握したうえで、自分の考えに偏りがないか分析する。そこにある根拠を疑いながら、ときには別の可能性や例外を探しながら自分の思考を再構築していく。

そのため、私たち研究者は批判的に文章を読み、批判的に相手の話を聞き、批判的に書くことを求められる。一般の仕事でも日常的に業務情報を取得する中で、その情報に誤りがないかどうか批判的思考を使っている。日常生活でもマスメディアの広告媒体に接している中で批判的思考を使っている。

批判的思考は世界的に注目されていて、アメリカでは小学生から批判的思考を意識した学習が行われている。情報通信技術の発達した現在では、情報を疑うスキルが求められるようになった。情報を鵜《う》呑《の》みにせず、立ち止まって考える批判的思考が大切になる。もちろん、本書においても大いに疑っていただければ幸いである。

第一章　過疎地域のよくある事例

第一章では、都心から過疎地域に移住した者によくある疑問について述べる。都心から過疎地域に移住したものの、「田舎の環境に馴染めなかった」「水が合わない」といった理由で都心に戻る者がいる。そうした違和感について、よくある事例を基に考察を行った。

発展地域とは異なる社会

私はこれまで海外四十カ国、百八十都市を訪れている。その肌感覚を日常生活に重ね合わせたとき、興味を持ったのが日本の過疎地域についての探求だった。とくに私が暮らしている過疎地域の人びとについての探求である。なぜなら、過疎地域の人びとが持つ行動様式は、私がこれまで訪れてきた貧困地域や発展途上地域の人びととよく似ていたからだ。文化人類学の論文を読んでいても、アフリカの過酷な生活環境の中でたくましく生きる狩猟採集民族のサン人や、牧畜民族のトゥルカナを始め、北極圏の先住民であるイヌイトといった人びとと、過疎地域で暮らす人びととのあいだにはよく似た行動様式があった。

たとえば、過疎地域には強烈な郷土愛がある。過疎地域の人たちは、決まった地域の中で、決まった人びとと触れ合い、決まった生活習慣の中で暮らしている。決まっていない地域の中で、決まっていない人びとと触れ合い、決まっていない生活習慣の中で暮らせなくなっている。住み家を動かすのはこのうえなく困難なことであり、生まれた地域で死ぬまで暮らし続ける。そのため、たかだか一泊の外泊でも生きるか死ぬかの大事になってくる。災害時の避難がスムーズに行われないのは、こうした事情が大きいのではないだろうか。また、地元のマスメディアや権威者たちも郷土愛を次のようなかたちで煽《あお》っていた。

「私たちの郷土は素晴らしい歴史と、格式ある伝統を持つ地域です。それに比べてあちらの地域はものすごく田舎で臭そうです。こちらの地域はものすごくゴミゴミしていて汚れています。私たちの郷土こそが格式ある伝統と歴史を持つ素晴らしい地域なのです」

自分たちの地域を持ち上げることで、その他の地域の価値を相対的に下げる。その他の地域の価値を下げることで、自分たちの地域の価値を相対的に上げる。これを繰り返すことで、地域住民としてのアイデンティティーを植え込み、その伝統から逸脱する行為に悪者としての烙印を押していく。

都心でもそのような手法があるのは承知しているが、都心ではそうした主張に対して反論が可能だった。しかし過疎地域で反論すれば「とんでもない」といった感じで叱られる。たとえば、悲しみの叫びや、喜びの涙といった感情は、人それぞれ捉え方が違うはずだが、その捉え方を「こうするべき」や「そうするべき」といったかたちで一方的に押し付けられる。それは「あれもするな」や「これもするな」といった抑え込みにつながっていた。とりわけ若者たちに従順さを強要し、その活力を抑え込むのである。

若者たちは「ちょっとヤバイモノ」や「ちょっとあぶないモノ」に惹かれる。「あれもするな」や「これもするな」という過疎地域に若者が残るだろうか。ほとんどの若者は、過疎地域を捨てて都市の経済を活性化させている。たとえ優秀な人材が現れても都市の有名大学を卒業して、そのまま都市で就職していた。

会話の語尾にも特徴があった。みな同様に「何々したかった」や「何々したい」といった希望を表す語尾になっていた。結果や決意を表す「何々した」や「何々する」といった語尾ではなかった。つまり、「あれをしたい」や「これをしたい」と言うのみで、そのための具体的な行動を起こさないのである。そのため、「あれ」や「これ」は立ち消えになっていた。

さらにもう一つ。過疎地域の人たちの会話には他者の話がやたら出てきた。それは家族の話であったり、遠い親戚の話であったり、著名人の結婚や離婚であったり、その著名人がどこの出身かといった話であったり、ときには東京都知事の非難であったり、閣僚や官僚の非難であったり、または、よく知らない者の噂話であったり、とにかく他者の話が好きだった。つまり、自らのアイデンティティーを他者に依存する傾向があった。そうした特徴は、私がこれまで訪れてきた貧困地域や発展途上地域の人びとと、とてもよく似ていたのである。

イレギュラーが苦手な社会

過疎地域で暮らすようになって最初に驚かされたのが、間違い電話の多さとその対応だった。月に三本程のペースで間違い電話がかかってきた。

着信音が鳴ったので受話器を取ると、唐突に「誰？」と聞かれる。「えっ？」と答えると、意味のよく分からない日常会話が始まる。日常会話を遮って「番号間違いだと思います」と返答すると、近くにいる親族であろう人に「間違っていたよ」と語りかけながら、お詫びもなくそのまま通話を切られる。また、留守録がチカチカしているので再生してみると「私はどうせ馬鹿だから」と何者かに文句をつけている伝言も何度かあった。間違い電話そのものは些細なことである。人間は間違いを犯す生き物だから、それについてはお互い様だと考えている。ここでの違和感はその頻度や対応についてである。

都心で暮らしていた頃にも間違い電話はあった。「矢田さんのお宅ですか？」と繰り返し間違い電話がかかってくるので、「違います。よく間違い電話がかかってきます」と返答したところ、その翌日に相手から電話があった。「名簿の電話番号を修正したのでもう大丈夫です」と言われて、それから間違い電話はかかってこなくなった。そのような対応ができたのは、最初に電話がかかってきたときに相手が自分の名前を名乗り、矢田さん宅であるのか確認してくれたからだった。

過疎地域の人たちは違った。名乗りもせず、いきなり本題を話し始める。半分くらいの人は「ごめんね～」と謝ってくれるが、半分くらいの人は一方的に通話を切るのである。どうしてそうなるのか。そこにあるのは間違えたことの恥ずかしさと、どう対応してよいのか分からないもどかしさだろう。過疎地域の人びとは日々同じ人としか触れ合わないので、面識のない人との会話になったとき、どう対応したらよいのか分からなくなる。それともう一つ。過疎地域の人たちは自分自身の間違いに対してとても寛容だった。そのため、間違い電話をしても一方的に通話を切るのである。

たとえば、組み立て式の家具を購入したときのことだ。箱の隅が破れていたので気になったものの、破れているのは店員も認識していたので大丈夫だろうと思ってそのまま帰宅した。さっそく家具を組み立てていると、あるはずの部品が欠品していた。仕方なく三十キロ程の距離を車で走って欠品を取りに行った。そのとき、店員から謝罪の言葉はなかった。取りに来るのが当たり前といったふうで欠品を渡された。これは運が悪かったのではなく、過疎地域では似たようなことがよく起こる。

　過疎地域の人たちは基本的に杓子《しゃくし》定規《じょうぎ》であり、何もかも段取り通りにこなす傾向があった。真面目に業務をこなしているものの、段取りが決まっているのでただ段取り通りにやっている。たとえその作業が間違っていたとしても、段取り通りにやっているのだから謝罪の必要がなかった。

　基本的にサービス業はイレギュラーな事態にどう対処するかが大切になる。このイレギュラーな対処が過疎地域の人たちは苦手だった。そこには客への目配りや配慮、思いやりの心は一切なかった。そのため、大通りの商店街はシャッターに閉ざされて閑古鳥が鳴いている。たとえば、営業中だったとしても店員の姿が見えないのは、よくあることだった。その場合は、奥の部屋に声をかけてようやく商品を購入できる。その際に、親切に対応してくれる人がいるのも事実だ。知らない人との触れ合いを嫌う過疎地域の中で、心の触れ合いを感じる場でもあった。そうした例外はあるものの、ほとんどの商店において店員のサービス精神は都心の店員とはずいぶん違っていた。

過疎地域では競争原理が働いていないため、それは仕方がないことでもあった。たとえ医師のような専門職であっても気分屋が多く、その日の機嫌で対応がまったく違うといった話はよくある。過疎地域で暮らしていくには、そうした「過疎地域クオリティー」といったものに慣れるしかなかった。

「過疎地域クオリティー」な社会

過疎地域では、「過疎地域クオリティーだから仕方がない」といった言葉をよく耳にする。たとえば、役所職員の対応がお粗末で二度、三度と役所に足を運ぶことがよくある。違う証明書を渡されたり、日付印が押されていなかったり、そもそも職員の知識不足で説明が間違っていたりする。過疎地域で書類手続きを行う場合、二度手間や三度手間は当たり前で、それを想定したうえで行う必要があった。

また、飲食店においては、食器が汚れていたり、卵の殻が丸ごと入っていたり、ビニールの切れ端が紛れていたり、スープに虫が浮かんでいたり、といったことがよくある。都心で暮らしている者は驚くかもしれないが、過疎地域では衛生管理の意識が低かった。そもそも虫などはアチコチにいるのだから、「虫くらいどうってことないさ」といった感覚なのである。

また、過疎地域は「クレームが存在しない社会」でもあった。過疎地域の商店街ではクレーム率の低さを使った宣伝文句がよく使われていた。それは一見してとても素晴らしいことであるかのような印象を受ける。しかし現実は違う。クレームが表面化していないだけで、むしろ表面化していないぶん悪質だった。

どうしてそうなるのか。過疎地域の人びとは目の前で起きたことを論理的に語るのが苦手だった。たとえば、過疎地域には奥さんに命令口調でしか言葉を伝えられない人がたくさんいた。マスメディアの受け売りで物事を語る人もたくさんいた。そのような人たちが行うクレームは感情的になりやすく、感情の縺《もつ》れとして扱われる。そのため、クレームを受ける側も論理的な対処を怠るのである。

また、クレームを付けたくても、そのクレームの付け方が分からないため、イライラしながら黙って立ち去るといったこともよくあった。つまり、サービス提供者、そしてサービス消費者ともに、クレーム慣れしていないというのが現実だった。

リスクマネジメントで使われるハインリッヒの法則では、一件のクレームがあれば、その裏には二十九件の隠れたクレームがあり、さらに潜在的な三百件のクレームが存在するとされている。過疎地域にはハインリッヒの法則よりもはるかに大きな確率で、隠れたクレームや潜在的なクレームが存在していた。

たとえば、ハローワークに行ったときのことである。三十分待っても呼び出しがなかった。そのあいだ職員は忙しそうにしている様子はなかった。むしろ時間をもてあましているようにも見えた。たまらず立ち上がって受付に行った。

「あの、いつまで待てばいいですか」

「え～っと、それではこれから承ります」

あろうことか担当者は待ち人の確認をしていなかった。待たせたことに対する謝罪もなかった。いくら過疎地域クオリティーがあるとはいえ、とても酷《ひど》い対応だと感じ、クレームを送ることにした。だが、クレームは当事者に直接伝えても「貴重なご意見として承ります」と言われて葬り去られる。ゆえに、クレームは別の組織の別の者にした方が効果的である。それは親会社でもよく、監査組織でもよく、都道府県庁でもよく、とにかく上部の組織にクレームを送る。

念のために申しておくが、私は断じてクレーマーではない。都心で働いている職員のレベルを知っており、それに比べて明らかに劣っているので、都道府県庁にクレームを送った。その一カ月後である。ハローワークに書類を提出しに行ったところ、職員の仕事ぶりが見違えてよくなっていた。クレームが存在しない社会だからこそ、一つのクレームで大きく変わった事例である。

過疎地域クオリティーの中で、どこまでを認めて、どこから認めないのかといった線引きはとても難しく、都心から過疎地域に移住した者によくある悩みでもある。

スローモーな社会

過疎地域の人びとが持つスピード感覚は、都心の人びととは明らかに違っていた。たとえば、スーパーではわざとではないかと疑いたくなるほどスローモーなレジ打ちをする。そのうえ丁寧に袋に入れようとするからますます遅くなる。よって私はいつも微笑《ほほえ》みながら「自分で袋に入れます」と断っている。

　このスローモーな体質は、地方自治体を含めた地域一帯に浸透している。たとえば、女性が行う接客は、「何々ですよ〜〜ね〜〜〜」「何々です〜〜か〜〜〜」といった具合に言葉の語尾を伸ばすのが一般的だった。幼稚園児などに語りかけるようなかたちで会話を進めるのである。私としては、なんとなく馬鹿にされているようなもどかしさがあり、未《いま》だに慣れないのだが、高齢者が多数を占める過疎地域において、ゆっくりと言葉を使い、ゆっくりと行動し、ゆっくりと物事を進めるのは優しさでもあった。こうしたリズム感はまわりにも伝染するため、過疎地域の人びとが都心の人びとと比べて仕事が遅くなるのは当然だった。

　私はここでスローモーという言葉を使っているが、おそらくこの言葉はネガティブな印象を与えるため社会的にタブーである。スローモーを「おおらかさ」であるとか、「のんびり」といったポジティブな言葉に置き換える必要がある。

　たとえば、夏目漱石は『坊っちゃん』などの作品で過疎地域を痛烈に皮肉っており、それらの文章にとてもユーモアがあって、読み継がれるに至ったわけだが、今の時代にそれらの作品を書き上げていたら、おそらくかなりの修正が加えられる。なぜなら、各方面から過疎地域の取り上げ方にクレームが殺到して、その後の仕事に支障が出てくるからだ。

　実際に人気商売のマスメディアは、利益を得るためにスローモーの言葉を「おおらかさ」

であるとか、「のんびり」といったポジティブな言葉に置き換えている。過疎地域の貧しさについても、「貧しき者は正しく、富める者は悪である」といった構図をつくる。過疎地域が持つ田舎のいやらしさについても、素朴さの表れとして捉えようとする。

それは為政者も同じだった。選挙で勝つために過疎地域の情緒的なイメージを流布して褒め称《たた》える。過疎地域を一つの美しさとしてイメージし、ノスタルジーを感じさせる。このように一見して弱者救済に思える情緒的自己満足のための行為により、過疎地域は衰退の一途を辿り、ますます弱者の立場に追いやられている側面がある。

過疎地域のスローモーな空気にどこまで慣れて、どこまで慣れないのかといった線引きはとても難しく、都心から過疎地域に移住した者によくある悩みでもある。

イメージされた社会

過疎地域を扱う場合、ネガティブな言葉を使ったら悪のレッテルを貼られる。商売として過疎地域を扱う場合、ポジティブな部分をいかにして切り取り、それがすべてであるかのようなイメージをいかに与えるかが大切となる。こうしたイメージの積み重ねにより、都心では過疎地域への誤った情報が流布されていた。

たとえば、「過疎地域で暮らしていると食費が安く済む」といった話をよく聞くが、競争原理が働いていない過疎地域では、都心と比べて食費が20％くらい高くなる。そもそも近くにスーパーがない地域があり、隣町まで買い出しに行くような地域もある。食費が安く済むのは血縁から援助を受けているような特殊な場合に限られる。

これはガス料金や電気料金、水道料金なども同じで、利用率や回転率が低いため都心と比べて20％くらい高くなる。過疎地域では、家賃以外の生活費は都心と比べて総じて高くなる。また、過疎地域では地元で採れた農産物や加工品などが安く手に入るイメージがある。しかし大量生産されていない地元のそうした品々は相場と比べて高額になる。過疎地域の低賃金では手が出ないというのが現実だ。

また、「過疎地域で暮らしている人は温厚だ」といった話もよく聞く。都心で暮らしている人は、過疎地域の人たちが笑顔を絶やさないイメージを持っている。そのようなイメージを持っている背景には、マスメディアによる過疎地域の人たちの一部分を切り取った報道がある。呆れるような対応をしている過疎地域の人たちはとても多いはずだが、そのような無愛想な応対は当然のごとくカットされる。これは営利企業として当然であり、いかに楽しく触れ合っているかを報道することで、人気商売のマスメディアは利益を得ている。

また、過疎地域の人たちは根本的にマスメディアが大好きだといった事情もある。暇さえあればＴＶを視聴しており、マスメディアに親近感を持っている。だからこそＴＶカメラに向かって笑顔を見せてくれるし、出演者に対しても優しく接している。それは普段からの顔見知りに対してのことであり、知らない者に対してはろくに返事さえもしてくれないのが現実だ。

たとえば、都心のスーパーでは商品を二つくらい持ってレジの前に並んでいると、列の前の人から「お先にどうぞ」と順番を譲ってもらうことがよくあった。譲り合いの精神や気配りといったものがとても嬉しくて、そのたびに心が温かくなった。

過疎地域ではそうした触れ合いがない。過疎地域の人たちは大量の商品を持ってレジに入っていく。逆に私の買い物が多くて、後ろに並んでいる人の商品が二つくらいだったときに「お先にどうぞ」と声をかけることはある。そうすると、後ろの人はお礼も笑顔もなく、そのまま無言で前に入っていく。

また、過疎地域で暮らしていると、都心からやってくる人に出会う。そうした人たちは、自然環境が素晴らしいとか、水や空気がおいしいとか、人当たりが優しいとか、初めのうちは言っている。過疎地域は高齢者が多数を占めているので、穏やかな雰囲気を感じるし、方言や訛りに面白味や安らぎを覚えることもある。しかし、そうした印象は次第に違うものに変わっていくのが常だった。方言や訛りにテンポの悪さや間延びした雰囲気を感じ、人当たりの優しさは、マンネリといった印象に置き換わる。自然環境しか見どころがないため退屈にもなる。そうした中で、田舎のいやらしさに触れて、いつの間にかいなくなる農業従事者やサーファーなどの事例がよくある。結局のところ、暮らしているうちに過疎地域の粗《あら》が見えて「水が合わない」といった結論になる。

　また、過疎地域の人びとが標準語の整然とした口調に慣れていないのもネックだった。ＴＶから流れてくる標準語と、生身の人間から語られる標準語は、彼ら・彼女らには違った。生身の人間から語られる標準語はどこかよそよそしく、どこか偉そうに感じられる。そのため、たとえそれが標準語であったとしても、過疎地域の人びとは「言葉が変だ」といった印象を持つのである。

スタートが遅れる社会

私は過疎地域の公立中学校、公立高校を卒業している。それらの学生生活を通じて尊敬できる教師に一人も出会わなかった。

たとえば、中学生のときである。授業時間になっても物理の教師が来なかった。学級委員の私が教師を呼びに行った。校舎の構造の関係でその物理教師には事務室があてがわれており、その扉を開くと教師は昼食の弁当を食べていた。そこで「先生、授業ですよ」と言ったら、「どうしてもっと早く呼びに来ないんだ」とゲンコツされた。たしかに呼びに来るのが遅れたかもしれないが、悪いのは授業時間を忘れていた教師である。とても不愉快な気持ちになったのを覚えている。

これは些細な事例だが、過疎地域ではこのようなことがよく起こる。上の立場の者がつくったミスを、下の立場の者に押し付けるのである。こうした行動様式は規範となって過疎地域全体を覆っていて、下の立場の者が常に叱られる構造になっていた。

有名進学校に入学していれば尊敬できる教師に出会えたのかもしれないが、少なくとも過疎地域の公立中学校や公立高校の教師は、いかにも公務員といった感じであり、コピーされた日常を淡々と過ごしていた。今の教師がどうなっているのか分からないが、私が出会った教師たちはチャレンジやイレギュラーをとても恐れていた。結局のところ、教師たちが求めていたのは、管理者の都合に従うといった従順な心だった。その一方で、ひたむきな努力や強い心といった競争原理の価値は低かった。

そして、それは仕方がないことでもあった。都心と比べて圧倒的に学校数の少ない過疎地域において、学力の低い生徒を放置すると治安が悪くなる。一括して公立高校で囲い込まなくてはならない事情がある。学力の違う雑多な生徒を扱ううえで、競争原理よりも従順であることに価値を置くのは仕方がなかった。その結果として、生徒の学力は低い方へとそろえられる傾向があった。

両親に経済力があれば、遠く離れた進学高校で寮生活ができる。遠く離れた進学塾にも通える。残念ながら、そのようなお金が過疎地域にはないのである。経済力が乏しい家庭がほとんどであり、大志を持つ学生はとりあえず地元の公立高校を卒業してから都心に出る。そこでようやく競争が始まるため、都心の学生と比べて明らかにスタートが遅れる。

ほとんどの親が自分の子どもに、より多くのチャンスを与えたいと考える中で、スタートの遅れは大きなハンディキャップになる。それでも社会に出て挽回するチャンスはいくらでもある。過疎地域の公立高校を卒業して都心に出ていく若者は、そう信じて頑張っている。そう信じるしかないし、それしかないのだ。

こうした地域格差が、子どもの教育に影響を及ぼすのは資本主義の欠陥でもある。フランスの社会学者であるピエール・ブルデュー〔2020年〕によれば、高い階層の子どもは家庭で使っている言葉や習慣、蔵書や芸術作品の身近さにおいて、高等教育への親近性が高くなる。学校を家庭に連続する事柄として受け止め、余裕を持って課題に対処できる。その一方で低い階層の子どもは、生活に密着した有用性のある事柄を重視し、学習や芸術といった洗練性を退屈な事柄とみなす傾向があった。そのため課題への対処が不慣れになり、学校を疎遠なものとして認識する。

親の学歴と子どもの学歴に相関関係があることは、国立教育政策研究所のデータ〔2018年〕でも証明されている。経済力がある家庭ほど、子どもに質の高い学習機会を提供できる。一般的に、親が勉強好きなら、子どもも勉強好きになる。親が勉強嫌いなら、子どもも勉強嫌いになる。勉強好きな親に育てられた子どもは論理で価値を序列化し、勉強嫌いな親に育てられた子どもは感情で価値を序列化する。

そして、それは大人になってからも続いていく。大卒の人は周囲に大卒の人が多いはずだし、高卒の人は周囲に高卒の人が多いはずだ。過疎地域出身の人は周囲に過疎地域出身の人が多いはずだし、都心出身の人は周囲に都心出身の人が多いはずだ。人は環境の近い者と親しくなる傾向がある。そのため、過疎地域出身の学生は、都心で生きていくにあたり、高校卒業までの価値基準をいったんリセットしている。これまでのつながりを絶ち、方言や訛りを捨てて、まったく違う自分として再出発するのである。そうするしかないし、それしかないのである。

変化を嫌う社会

ほとんどの若者は地元の高校を卒業して過疎地域を去る。たとえば、子どもが三人いるとして、長男長女は都心へ、次男次女は県外へ、三男三女は県内都市へ、というパターンである。そして、子どもが三人いたら一人くらいは実家に戻ってくる。しばらく実家で生活し、結婚を機に過疎地域を去る者もいれば、そのまま過疎地域で暮らす者もいる。

また、一部の若者は高校を卒業して、親と同居するかたちで過疎地域に残る。実家での暮らしは親の援助を受けられるため生活が楽である。子どもかわいさから起こる、子どもの囲い込みといった行為もある。たとえば、子どもが成人しても扶養のかたちで、車両を買ってやったり、お小遣いを渡したりして、親元に留めようとする。

その若者たちが社会人となり、地域社会を形づくっていくわけだが、幼い頃から変わらない環境で生活しているため、保守性と閉鎖性が強くなる傾向がある。環境の変化や新しいモノを極端に嫌うのである。地域に変化を促す者は、住民の和を乱す敵であり、いかにして排除するかといった思考が働く。このとき、陰口や密告が使われて火のないところに煙が立つ。

陰口や密告の事実を人づてで知るのは不快なものだ。たとえそれが濡《ぬ》れ衣《ぎぬ》であったとしても、排除対象者となった者は精神的にかなり応《こた》える。どこで何を言われているのか、まわりにどのように思われているのか、その不安に耐え切れず、過疎地域から引っ越す者がたくさんいた。

そして、それは仕方がないことでもあった。高齢者である親とのつながりが強い過疎地域において、慣れ親しんだモノや昔ながらの方法を守ることは優しさだった。また、一定の敵をつくることで絆が強くなり、集団意識が育まれる側面もあった。さらには話題不足を解消する一つの手段でもあった。その結果として、保守性と閉鎖性は大きな空気感となって過疎地域を覆っていた。

その保守性と閉鎖性を示す事例として、大隅《おおすみ》半島のとある地域が持つ理念を紹介しておく。その地方自治体では「志に高い、低い、大きい、小さいはありません」といった標語を掲げていた。

しかし、本当にそうだろうか。人を引き付ける魅力は志の大きさにあるのではないだろうか。物質的であれ、精神的であれ、大志を持つ者に人は魅力を感じるのではないだろうか。だからこそ、ウィリアム・スミス・クラーク博士が述べた「少年よ大志を抱け」の言葉は現在でも影響力を持つのではないだろうか。その大志を真っ向から否定しているかのような標語を見て、過疎地域の持つ保守性と閉鎖性を強く感じた。

そして、それも仕方がないことだった。なぜなら、過疎地域の権威者はある程度の地位を得ると、向上心を失ってしまうからだ。都心であれば、たとえ権威を得たとしても、上には上がいて、もっと上へ上へといった気持ちになる。過疎地域ではその上がいないため、権威を握ったとたん守りに入る。

権威を守るには現状維持が一番であり、新たな変革を拒んで足の引っ張り合いが起こる。普段は他者の既得権益に反対しながらも、いざリアルな問題として自分の既得権益を脅かされると、いかにして排除するかといった思考が働く。

　このときによく使われるのが「清く正しく美しく」といった道徳概念だった。「古きよき時代」のフレーズに代表されるように、一般的に人はかつてのイメージを、清く正しく美しくと定義し、ノスタルジーに浸る傾向がある。俗にいう「思い出補正」である。そのため、清く正しく美しくといった道徳概念は現状維持と相性がよく、その正当性を示す根拠として都合がよかった。それにより、「ちょっとヤバイモノ」や、「ちょっとあぶないモノ」が過疎地域から消えてしまった。

　都心では表でありきたりな道徳観を使っていても、裏では「ちょっとヤバイモノ」や、「ちょっとあぶないモノ」と触れ合いながら生きている。そうしたモノに触れて、「私も負けてはいられない」と思う。

　しかし、過疎地域には「ちょっとヤバイモノ」や、「ちょっとあぶないモノ」がまったくない。清く正しく美しくといった道徳論を好み、稚拙さや純粋さを過剰に尊ぶ傾向にある。道徳至上主義とでもいうべき空気がつくられており、その前では主体性はおろか、大志さえも否定されるのである。

清く正しく美しい社会

ある日のことである。過疎地域で権威がある者の講演を聴く機会があった。そこにやってきたのは、小学校の校長職を定年退職した講師だった。その講師は「二匹のカエル」と呼ばれる物語を語った。それは次のようなものだった。

「二匹のカエルが牛乳の入ったバケツに落ちてしまった。這《は》い上がろうとしたがバケツの縁までは高く、壁はつるつるしてどうにもならない。諦めの早いカエルがこう言った。『もう駄目だ。僕たちはここから出られないよ』。そう言い残してバケツの底に沈んでいった。もう一匹の諦めの悪いカエルは、『いやだ。死にたくない。何とかならないか』とがむしゃらに泳ぎまわった。そうこうしていると足元の牛乳が固まってバターになった。カエルはバターを踏み台にして飛び上がり、バケツから出ることができた。めでたし、めでたし」

この物語を通じて講師が伝えようとしたのは、生きるという目的に向かってがむしゃらに動きまわる大切さだった。その結果として、牛乳の表面が固まって助かるミラクルを社会人に向かって説いたのである。そこに洞察や創造といった深読みや裏読みの類は一切なかった。誰かしらがつくった物語を表面通りの内容で語っただけだった。

講演を聴く目的は、知りたい、変わりたいといった欲求を満たすことにある。今回の場合は、自分自身の体験談を交えながら教育現場の現実や問題点を語るのが一般的な講演ではないだろうか。二匹のカエルの話から、教育現場の現実にどうつなげていくのか、期待するのは当然ではないだろうか。今ある現実をいかにして乗り越えていくのか、その具体策を知りたいのである。しかし、期待は見事に裏切られた。これは例外的な事例ではなく、過疎地域ではこのようなことがよく起こる。

その講師は子どもと大人の違いが分かっていなかった。子どもが面白がる物語なら大人も面白がると考えていた。それを聴く者たちも、「だから何だろう」「ものたりない」といった雰囲気はあったものの、とくに不満を感じていないようだった。

結局のところ、清く正しく美しくといった道徳概念は、稚拙さや純粋さとも相性がよかった。白馬の王子様がやってくる、といったいわゆる、お花畑的な発想が喜ばれるのである。つまり、子どもと大人の線引きが曖昧なのが過疎地域であり、お花畑的な空気の中で人びとも暮らしていた。その稚拙さや純粋さに耐えられない者は過疎地域を去るしかなかった。

もやもやした社会

お花畑的な空気もそうなのだが、過疎地域で暮らしていると、もやもやした感覚になることが多かった。

たとえば、過疎地域において人事評価のポイントは勤続年数である。業務の処理能力とは別であり、たとえ業務スキルが劣っていても勤続年数が長ければ昇進できる。このとき、いわゆる、ぶらさがりという行為が起こる。このぶらさがりは部下のチャレンジをとにかく嫌う。他と同じような業務を行っているという免罪符を求める。

過疎地域では、こうした、ぶらさがりが多数派を占めるため、優秀な者ほどもやもやしながら仕事をしていた。そうこうしているうちに、上司の持つ保守的な思考が部下にも刷り込まれて、過疎地域の組織体質として受け継がれていく。そのため、昔ながらの考え方がそのまま踏襲されて、変化が起こらなくなる。組織としてのアップデートが行われず、昔ながらの組織体質を守り続けるのである。

支店郵便局の若手職員に、過疎地域の特徴について尋ねたところ、次のような答えが返ってきた。

「上司が無能だということでしょうね。郵便局にはいろいろ問題があると思いますが、何より問題なのは上司が無能だということです。上司が駄目なのは働いていてやっぱ辛いですよ」（鹿児島大学卒の二十代男性）

上司に業務の処理能力がなく、困っているといった話は、郵便局の他にも、農業協同組合や役所などでもよく耳にする。たとえＰＣが設置されていたとしても、上司がその仕組みを理解していないため、提出書類がすべて手書きになる。ＰＣ画面の情報をあえて紙に書き写すというのはよくある職場風景だった。

このとき、業務スキルが劣っている上司は、同じく業務スキルが劣っている部下を好む傾向にある。そして、業務スキルが優れている部下を嫌う傾向があった。これは馴染みのある者や共通項のある者を優遇しようとする親近感から起こる現象である。それにより、どれほど多くの若者たちの向上心が失われただろう。どれほど多くの優秀な若者たちの雇用が失われただろう。

とはいえ、それを組織の中で訴えることなど誰にもできなかった。ひとたび訴えれば排除対象者となり、退職に追い込まれると分かっているからだ。過疎地域において変化はタブーであり、もやもやしながらも現状を受け入れて、いかに対処していくかが問われるのである。

情感に価値を置く社会

日本は絆や和といった情感に価値を置く社会である。過疎地域においては、とくに情感の価値基準が大きかった。

情感とは、儒教による文化であり、遠くにいる者よりも近くにいる者を深く思いやり、短い付き合いよりも長い付き合いを深く思いやる。情感はコネや癒着に正当性を与え、恩義をわきまえないと、「人でなし」と呼ばれて人間ですらなくなる。親が自分の子どもにより多くのチャンスを与えたいと考えるのも情感によるものだ。自分の子どもはかわいいが、他人の子どもは憎たらしく感じるのが世の常だ。

情感と対になる概念として博愛がある。博愛とは、自分の子どもを愛するように他人の子どもを愛し、自分を愛するように他人を愛する。すべての人びとを公平に愛することで、社会的な公正が保たれる。これまで多くの知識文化人が博愛の素晴らしさを訴えてきたが、情感の概念は日本文化として根付いており、それを覆すには至らなかった。

情感に価値を置くことが、公平や公正を阻害していると誰もが分かっている。分かっていながらも、いざ目の前にそうした事態が起こったとき、どうしても情感を優先させる。学校や教育委員会がイジメの事実を隠し通そうとするのは、内部の者を守る情感の意識である。

「ああ思う」「こう思う」が公正を上回る社会

たとえば、２０１８年、鹿児島市の中学三年生の男子生徒が、担任から指導を受けた日に自殺した。学校側は「指導は穏やかに行われたものの、進路の話になると思い悩んだ様子で、涙を流すこともあった」と説明していた。しかし、遺族側からの要望で設置された調査委員会の報告書では、「普通の生徒であれば萎縮するほどの大声での叱責があった」としたうえで、「信頼関係の希薄な担任に対し、進路の不安が露見したことで動揺して涙を流した」とし、個別指導が引き金になったと結論付けている。

　また、水俣病や第二水俣病、イタイイタイ病や四日市ぜんそくなどの公害病の対策が遅れたのも情感が根底にあった。公害を引き起こした企業の従業員たちは身内を守ろうとし、被害者たちの訴えを聞こうとしなかった。そのため、地域社会の中で対立が起こり、被害の立証が大幅に遅れた〔２０１３年〕。厚生省の官僚たちも身内を守るために、薬害エイズの問題を認めようとはしなかった〔２０１５年〕。警察官や検察官でさえも身内を守るためなら、たとえ不祥事があっても、それを決して認めようとはせず、意図的に捜査を見送り、でっちあげさえも行う。実際に私が暮らしている地域では、志布志《しぶし》事件〔２００９年〕という、信じられないようなでっちあげ事件が起こっている。

　その志布志事件が起こったのは選挙が要因だった。２００３年、鹿児島県議会議員選挙が行われ、選挙区の定数三名に対して、自民党公認の現職三名が立候補し、無投票で再選される見通しだった。ところが、志布志町議会議員の中山信一が無所属で出馬したことで激しい選挙戦となり、自民党現職の市ヶ谷誠が落選したのである。この報復として志布志事件が起こった。中山信一陣営が、集落の有権者に現金などを配ったとして、中山信一とその家族、そして支援者ら十三名が公職選挙法違反容疑で逮捕されたのである。取り調べでは、非人道的な自白の強要や異例の長期勾留により、心身ともに異常を来し、自殺未遂者も出ている。

志布志地区は、自民党所属の森義夫が強固な地盤を築いており、その森義夫と捜査主任の警部は二十年来の親交があった。

結局のところ、事件そのものが警察のでっちあげという、警察組織の腐敗が明らかになり、すべての容疑者は無罪となったわけだが、警察側の処分は、本部長への注意、警部への訓戒、警部補の減給といった軽いものだった。これについて鹿児島大学教員の木村朗は、「関係者への処分が軽すぎるなど県警の『身内びいき』には言葉もない。〔２０１１年〕」としたうえで、過疎地域における冤罪事件について次のように述べている。

「このような人権侵害と冤罪事件が、志布志という片田舎の中のさらに奥まった小さな懐《ふところ》集落という人里離れた僻地で起きたことは単なる偶然であるとは思われない。というのは、これまでにも鹿児島では、特に弁護士過疎地域である大隅半島で、『高隈《たかくま》事件』（鹿屋《かのや》市で夫婦を殺害したとして起訴された男性が最高裁での破棄差し戻しを経て無罪になった、１９８６年確定）や、『大崎事件』（男性を殺害したとして殺人および死体遺棄罪で懲役10年が確定して服役した原口アヤ子さんが、再審を訴えている）など、過去に三件の冤罪あるいは冤罪が疑われる問題が起きているという事実があるからである」（『志布志事件とは何であったのか――〝冤罪〟の構図とメディアの功罪を問う』）

過疎地域では長く付き合っていることや、仲間であることが何よりも大切だった。「ああ思う」や「こう思う」といった情感が、公正さを大きく上回るのである。それはほぼ正義や道徳と同じような価値を持っていた。

たとえば、言い合いのような喧嘩になったとき、「あんたはどこの人だ」と集落名を聞いてくる。過疎地域では、どこの組織に所属しているかというのが重要だった。地域のつながりや、家族のつながりが強いことで、どうしてもまわりに合わせなければならず、おのずとしがらみにまみれる。選挙ともなれば、体制側と反体制側で足の引っ張り合いである。それぞれがネガティブキャンペーンを行って、たとえ自分が損をしてでも相手を貶《おとし》めてやろうと考える。結果として、あっちを立てれば、こっちが立たず、こっちを立てれば、あっちが立たずとなり、チャレンジができなくなる。

どうしてみんなで一緒になって地域を盛り上げていく意識がないのだろう。どうしてみんなで足の引っ張り合いをするのだろう。そう考えるだけで疲れてくる。だからこそ若者は息苦しい過疎地域ではなく、息苦しさの少ない都心で暮らしたいと考える。これは当然の帰結ではないだろうか。

ぐるぐると空回りした社会

過疎地域の息苦しさを打開する手段として、しがらみに左右されない「ヨソ者、バカ者、ワカ者」の活用がある。

ヨソ者は客観的な見方ができる、バカ者は閉塞感を破る原動力になる、ワカ者は活力に溢れている、というわけである。たしかにその通りだろう。活力に溢れているワカ者は過疎地域を去るので仕方ないとしても、ヨソ者やバカ者はいくらでも呼び込んで活用できる。それを雇える予算は地方自治体にいくらでもある。それにもかかわらず、ほとんどの地方自治体はヨソ者やバカ者を活用していなかった。

なぜなら、為政者にとってヨソ者やバカ者の活用は大きなリスクがあるからだ。過疎地域は有権者との距離がとても近く、地元企業と癒着しなければ選挙に勝てない。しがらみに左右されないヨソ者やバカ者の活用は、過疎地域の既得権益を脅かす可能性があった。生産性の低い過疎地域では、補助金の配分で勝ち組と負け組が決まる側面があり、お互いにネガテイブキャンペーンを繰り広げて、いかにして相手側を叩き潰すかに焦点が置かれる。そのような過疎地域において、ヨソ者やバカ者の行動はネガティブキャンペーンの格好の標的になる。また、過疎地域の人たちは住み慣れた地元をよく知っている反面、その他の地域をまったく知らなかった。地元と他の地域を比べることができないため、ヨソ者やバカ者の提案がピンとこないのである。ピンとこないものはやりたくないし、やらなくても補助金でなんとかなる。そもそも、過疎地域の人びとに何かを変えようとする意識がなかった。そのような過疎地域で、ヨソから来た者がいくら頑張っても空回りに終わる。そうこうしているうちに「ヨソ者なんかに何が分かる」とか、「バカ者は道徳に反している」といった反発が起こる。そして、ヨソ者やバカ者は失望して過疎地域を去るのである。それを知った過疎地域の人びとも同じく失望する、といった具合だった。

　そのような事例がたくさんあるため、「ヨソ者、バカ者、ワカ者」の活用は、使う前から使うことを諦めている、というのが現実だった。

　民主主義の欠点を表す言葉として、衆愚政治というものがある。これは古代ギリシャの時代から繰り返し使われてきた言葉で、現在でもよく使われている。

　衆愚政治は、決められることをいつまでも決められず、いつの間にか何もかもが手遅れになり、あとから何とかしようとしても、どうにもならない状態がぐるぐると空回りした状態になる。それは過疎地域の現実そのものだった。

過疎地域の権威者たちは、生産性のない公園をつくれと言ってみたり、箱モノをつくれと言ってみたりするが、つくったらつくったで、それらは放置されていた。たとえば、日本庭園や自然公園などの行楽施設、野外プールやテニス場などのスポーツ施設、遊具場やミニゴルフ場などの娯楽施設、博物館や美術館などの文化施設である。それらは有効活用されることなく点在し、廃墟化している施設もたくさんあった。いずれ放置されるのはつくる前から分かっているにもかかわらず、建設行為そのものを目的として同じモノをつくっていた。「隣の〇〇町がつくったから、私たちの△△町にもつくるべきだ」といった具合である。

ぐるぐると空回りした過疎地域の現実をどこまで受け入れて、どこから受け入れないのかといった線引きはとても難しく、都心から過疎地域に移住した者によくある悩みでもある。

ブラック企業が標準の社会

都心と過疎地域の経済格差はどれくらいあるだろうか。その差はおおむね二倍である。たとえば、私が東京で働いていたときの時給単価は、おおむね千三百円から千六百円程だった。それとまったく同じ仕事を過疎地域でやろうとしたら、鹿児島県の最低賃金である七百九十円（当時）だった。そのうえ交通費の支給もない。つまり、同じ仕事であるにもかかわらず二倍程の賃金格差があった。

　都心で暮らしている者は、中国大陸にあるような大きな格差が日本にはないと考えている節がある。しかし現実は違う。

　たとえば、都心ではブラック企業に対して批判的な報道がされている。批判的な報道そのものは大いに結構なのだが、過疎地域で暮らしている者としては違和感があった。なぜなら過疎地域ではブラック企業がごくごく当たり前だったからだ。

　生産性が低い中で切り詰められるのは人件費である。正規雇用の社員はサービス残業やサービス出勤を強いられるのが常であり、有給休暇を申請すると嫌な顔をされるため、消化せずに退職する者がほとんどだった。滅私奉公の精神が素晴らしいとされている地域の中で、人びとはそれを当たり前のこととして受け止めていた。そこでいくら働き方改革を訴えたところで、それは日本とは違うヨーロッパなどの遠い国で起こっていることであり、別の世界の出来事といった感覚だった。

マスメディアがブラック企業を批判するのは社会的な意義がある。とはいえ、過疎地域にある企業のほとんどがブラック企業である現実も報道してはどうだろうか。日本が豊かになったといわれている今でも、過疎地域には豊かさとは無縁の貧しい生活があった。

その一つの事例として、私が高校生のときにやった農作業のアルバイトがある。元号が平成に変わる一年前の話である。そのときの時給は三百五十円だった。その当時、都心の高校生の時給は八百円程だったので、その頃から二倍以上の賃金格差があった。時給三百五十円というのは都心で暮らしている者には信じられない話だろう。その当時の大人たちの言い分は「子どもに大金を持たせてはいけない」というものだった。地域の大人たちが談合してそのような低賃金になっていた。

これは貧困地域の社会システムによく似ている。たとえば、サハラ以南のアフリカでは五歳から十七歳の四人に一人が働いている。子どもは成人と比べて就労条件などのトラブルが少ないため、不当に安い賃金しか支払われず、収奪的な扱いを受けている。それでも他に仕事がないので不当だと知りながら働いていた。

高校生だった私もお金がどうしても欲しくて、不当だと知りながら働いていた。過疎地域には働かせてもらえる所がないので仕方がなかった。

私は多くの貧困地域を訪れているが、そこで感じた社会の雰囲気と、日本の過疎地域の雰囲気はよく似ていた。日本が近代化しているといっても、過疎地域には都心とは違う昔ながらの考え方が根強く残っており、それはこれからも続いていくのである。

独自性や生産性は不要

「地域活性化事業を始めるので手伝ってほしい」

知人から連絡があったのは過疎地域で暮らし始めて五年目だった。自宅から百キロ程離れた地域だったので住み込みで働くことになった。

その業務内容は、地元特産品を使って加工品をつくり、日本全国にアピールするものだった。そもそも、特産品で地域を活性化させるという目的そのものが厳しかった。地元の特産品を使った地域活性化策は日本全国の地域がやっている。それらの地域と同じ土俵で競争しても勝てる見込みがなかった。

都市であれば店舗によい商品を並べておけば確実に売れていく。しかし過疎地域では店舗販売だと利益が出ないため、商売相手は必然的に日本全国になる。鹿児島県の奥地からだと商品値にプラスして高額の送料がかかる。都市近郊の地域と比べて割高になるため、おのずとターゲットは富裕層に絞られるわけだが、特産品なるものは旅先で食べ、旅先で買うから価値があるのであり、わざわざ取り寄せてまで購入しないものだ。仮にマスメディアに取り上げられて一時的に売り上げが伸びたとしても、それは一過性のものであり、消費者の興味が薄れれば売り上げも落ちていく。

食品には「いずれその味に飽きてしまう」といった大きな落とし穴がある。マスメディアに取り上げられて企業規模が大きくなったものの、長続きせず倒産した会社はたくさんある。実際にかつて私が東京で働いていた弁当屋は、山梨県の弁当屋を吸収合併するほど一時的に大きくなったが、その後は事業規模がどんどん縮小して倒産してしまった。

本来なら、第三次産業で雇用をつくりだすべきだが、過疎地域の人たちが利益になり難い昔ながらの特産品にこだわっていた。そうした方法でないと地域の人たちの賛同を得られないのである。また、特産品の販売で失敗するぶんには、その損失は補助金で補填されるとのことだった。過疎地域の人びとが特産品を売りたいのだから、雇われている身としては、やるべきことをやるしかなかった。

そこで提案書をたくさんつくった。苦みのある健康食を使った「まずいお菓子」や、そのまずいお菓子を一つだけ入れたロシアンルーレット方式の「毒入り饅頭《まんじゅう》」などの商品を提案していった。

また、これまでの地域活性化の企画を調べてみたところ、それらは都心近郊の地域活性化策を真似ているだけで、「マラソン大会」や「ゆるキャラ」といった聞き覚えのある企画ばかりだった。陸の孤島となっている過疎地域で話題になるような企画ではなかった。何一つ独自性もなければ、何一つ生産性もなかった。そこで、無人島や密林を使った自衛隊監修の「本格サバイバル」や、謎解きや宝探しといった仮想世界の冒険を模した「リアルロールプレイング」などのイベントを提案した。それらは不便や不安の中で生まれる喜びをテーマとしており、都心近郊のお気楽なイベントと差別化を図った。

弾は撃ってみなければ当たらないし、バットも振ってみないと当たらない。たくさんのアイデアをラインナップすることで、面白いことをやっている地域として話題になりやすくなる。しかし、それらの企画書は「うん、面白いね」の言葉だけでまったく話が進まなかった。どうして進まなかったのか。過疎地域において独自性や生産性は不要だったからである。

また、ユースホステルといった簡易宿泊所の設置も提案した。競争原理が働いていない過疎地域の宿泊料金は、都市と比べて格段に高かった。これでは、バックパッカーや二輪ライダーなどの旅行者は気楽に宿泊できない。そのため、ほとんどの旅行者は過疎地域の宿泊施設を通り過ぎて、自動販売機だけが儲かるといった構造になっていた。

宿泊料金が高ければその地域の印象も悪くなる。旅行者がスマートフォンで風景を撮影して、ウェブサイトにアップロードする時代において、少しでも長く過疎地域に滞在させたかった。その企画書も「うん、面白いね」の言葉だけでまったく話が進まなかった。なぜなら、過疎地域で新しく商売を始める場合、同じ商売を営む者に配慮する必要があったからだ。そこには町長派と反町長派のしがらみがあり、ユースホステルをつくるとして、同じ派閥の宿泊所に悪影響を与えてはいけなかった。

お粗末な「地域活性化事業」

過疎地域には集落と呼ばれる地域集団がある。不動産の家主も集落への加入を強制していた。これを拒否すれば不動産を借りられなくなる。また、役場は集落を中心に情報発信しており、集落に属さない者は必要な情報を得られなくなる。そして、ひとたび集落に加入したら、嫌でも体制派と反体制派のしがらみに組み込まれて身動きが取れなくなる。集落に加入しない唯一の手段は、土地付きの建物を購入して、インフラをすべて自前で賄《まかな》うしかなかった。ゴミ捨て場などの地域公共施設を利用する場合や、子どもの通学がある場合は、集落の加入を拒むのは不可能だった。

このように地域とのつながりが強い中で私がやっていたのは、地域活性化の名の下で補助金を手に入れる仕事だった。たとえば、地域の特産品を都心で無料配布し、そこに集まってくる人びとの写真を撮って、いかに大盛況であったかを行政や地域の人びとに伝える。分かりやすい文体で報告書をつくり、いかに地域活性化に貢献したかをアピールする。

過疎地域の商店に補助金をばら撒《ま》くのも一つの仕事だった。地元の商店で市場価格の十倍もする事務用品を購入していた。ときには商店で売れ残った食品を高値で購入し、サンプル送付の名目で社長の親しい知人に配っていた。私がやるべき業務は町長派の商店と、社長の知人に利益をもたらすことだった。その中には商品代金を支払っているのに商品が送られてこない架空取引もあった。役所に提出する書類はひな型が決まっており、指定通りの請求書や領収書を添付しておけば問題なかった。

そして何より最悪だったのが、社長との付き合い方だった。この社長はクセのある人物で、なんとなくそうした人物であることは分かってはいたが、想像していたよりもずっとクセがあった。たとえば、毎日のように行われる会議では、どうでもよいことに話が飛ぶ。そしてどうでもよいことに深くこだわる。そのほとんどが自慢話と反町長派の悪口だった。会議を方向付けようとすると言葉尻を取ってはぐらかす。話題はアトランダムに飛んで、すべての会議が中途半端に終わった。その日の気分で指示を出すので予定していた業務内容も頻繁に変わった。結局のところ、社長の頭の中にあるのは、マスメディアから仕入れた受け売りのアイデアと、反町長派に対する強い憎悪だった。

しばらくして、その憎悪の正体が分かった。社長は数年前まで反町長派の補助金事業を手伝っていた。そこで強い恨みを持つに至って、その仕返しが目的になっていたのである。個人的な恨みを晴らすため、毎日のように同じ悪口を繰り返した。その他にも若者蔑視や女性蔑視、東アジアの人びとへの人種差別発言も多く、一人でヘイトスピーチをしているといった具合だった。しかも根っからの虚言癖があり、ちょくちょく嘘をついた。嘘で整合性が取れなくなるので、さらに細かい嘘をついた。バレバレの嘘ほど厄介なものはなかった。職場の雰囲気が悪くなると困るので、軽く流してしまうしかなかった。そのような会社なので社員がどんどん辞めていった。それでも補助金でまわっているのでなんとかなった。私も一年で退職に至るのだが、過疎地域の現実を知るうえで、とてもよい経験になった。地域活性化の仕事は、どこの地域であっても当たらずとも遠からず、こういうふうになっている。

第二章　過疎地域のよくある問題

第二章では、第一章での過疎地域のよくある事例を踏まえたうえで、過疎地域のよくある問題を考察していく。主に、中央政府や地方自治体の過疎地域政策を批判し、現状維持という名のゆるやかな後退について述べる。

産業構造の罠

1　第一次産業の罠

地域経済の再生で最も陥りやすい罠に、農業や畜産を中心とした地場産業の活性化が挙げられる。これらは第一次産業と呼ばれるものであり、自然から直接資源を採取する農業や畜産業、林業や水産業などがそれにあたる。人間の生命にかかわる食料を生産することから、最も大切な産業とされている。ただし、第一次産業は貧困国の主要産業であるため、先進国の日本では衰退産業になる。大規模な経営を行わない限り利益が生まれ難い産業でもある。

中央政府は、国民に食料を安定供給する目的から、食料自給率を上げる政策を取っている。第一次産業従事者に補助金を投入し、その経営を下支えしている。そのため、小さく経営していても第一次産業従事者は儲かる仕組みになっている。海外にあるような大規模経営が日本で進まないのはそのためだ。第一次産業従事者への保護が、産業そのものの自立を阻んでいるのだ。

そこで農林水産省は、海外の富裕層への食料販売に力を入れている。世界の人口はどんどん増えており、それに伴って食料需要も増える。日本の農産物や畜産物は、衛生面において秀逸であり、味も優れている。世界的な規模で第一次産業を考えるなら、十分に成長産業になりうると、マスメディアでも報道されている。

とはいえ、それには一定の語学力や国際感覚が必要になる。そうした人材が過疎地域にどれだけいるだろうか。仮にいたとして過疎地域がそうした人材を活用できるだろうか。活用できていないから補助金に依存している。専門業者に委託すれば委託料を取られ、輸出品には関税もかかり、輸送コストもかかる。食料の輸送コストは品質を維持するため高くなる。

一部の富裕層に高価な食料を売ったところで、どれほどの利益があるだろう。補助金がなければ立ち行かないのは同じことだ。

そもそも日本は山々の連なる山岳国家で、広大な農地を持つのは北海道くらいのものだ。それに比べてアルゼンチンやブラジルは、北海道の数百倍規模の大草原を持っている。そこでは大規模経営が進み、安い価格で良質の食料を得られる。

平野が少なく、その平野を都市が覆っている日本では、大量の食料を海外に輸出するのは難しい。たしかに、海外の富裕層への食料販売は日本のブランドイメージを上げる効果はあるだろう。しかし、しょせんは補助金ありきのビジネスで、先進国の日本において第一次産業は、やはり衰退産業である。農業や畜産を中心とした地場産業の活性化では、地域経済の再生にはなりえない。

ところが、その衰退産業を中央政府の官僚が過疎地域に押し付けている。なぜなら、官僚組織なるものは、自らの仕事を自らでつくりださなければ人員整理されるからだ。地域活性化というお題目を利用して、不要な出先機関（天下り先）を地方につくっている。それが仕事をつくりだす道具になっていた。経済学者の山下一仁〔２００９年〕は、「保護がなければ、日本の農業のＧＤＰはゼロとなってしまうのだ」と述べたうえで、農業協同組合、農林族議員、農林水産省の既得権益を批判している。

生命維持の根幹にかかわる食料生産は、私たちにとって大切な産業である。それにもかかわらず、いや、だからこそというべきか、中央政府そのものが農業従事者や畜産従事者の自立を阻み、利権構造が複雑に絡み合う。日本社会の仕組みがそうなっている以上、第一次産業従事者が減っていくのは仕方がないだろう。粛々と守り続けていく意義こそあれ、若者たちが魅力を感じない産業であることも確かである。

2　第二次産業の罠

地域経済の再生で陥りやすい罠として、第二次産業の工場誘致も挙げられる。第二次産業とは、自然から採取した資源を加工して生産する産業である。たとえば、製造業や建設業、鉱工業などがそれにあたる。

十八世紀のヨーロッパにおいて、これまで各々《おのおの》の家で行われていた作業を一カ所に集めて行うようになった。機械化が進んだ工場に工員を集め、効率的に作業を分担したのである。この産業革命により、ヨーロッパの端にあるイギリスが世界の覇権を握った。ちなみに、工場労働者の多くが青い作業服を着ていたことから、第二次産業に従事する労働者をブルーカラーと呼ぶ。

第二次産業は、産業革命における資本主義の基本である。ただし、第二次産業は労働賃金の安い発展途上国の産業であり、先進国の日本では第一次産業と同じく衰退産業になる。

日本のような先進国は、発展途上国と比べて労働賃金が高くなる傾向があり、販売価格も高くなる。そのため、企業は発展途上国に工場を置こうとし、中央政府はそうした空洞化を阻止するために、あらゆる手段を使って過疎地域に工場を誘致している。たとえば、地方に工場を置く企業の法人税を安くし、工場を受け入れる地域に補助金を投入している。それが過疎地域の就業率を支えているわけだが、工場での労働は特別なスキルを必要としないため、おのずと低賃金になる。同じ作業を繰り返す単純労働なので、仕事への意欲も薄くなる。指示された作業をその通りに行うため、自分で考えるといった思考力もなくなる。

結局のところ、第二次産業は発展途上国の産業である。そして第一次産業は貧困国の産業である。いずれも先進国の日本において衰退産業であり、地域経済の発展は望めなくなっている。衰退産業をいくら推し進めても、一部の補助金事業者が儲かるだけで、地域経済の再生にはなりえない。むしろ、第一次産業と第二次産業の推進は、地域経済をますます疲弊させている。

しかし、中央政府は生産性の上がらない地場産業を補助金で保護している。就業率を支える目的のために補助金を使って工場誘致を行っている。そうした補助金のばら撒きは過疎地域の人たちから向上心を失わせる。誰でもできる単純労働は過疎地域の人たちから知恵を奪った。中央政府は過疎地域の経済を下支えしてきた反面で、過疎地域の人たちの能力を低下させた。その結果、「能力が低いのだから賃金が低くても仕方がない」といった結論になっている。具体的に想像してほしいのだが、たとえ一流大学を優秀な成績で卒業したような者であっても、日々同じ行為を繰り返すだけの単純労働をしていたら思考力は衰えるのではないか。私もシール貼り作業をさせられていたときは、脳が溶けていくような感覚があった。この場合、「そのような仕事をしているのが悪い」ということになるわけだが、過疎地域で生活の糧を得るには、そのような仕事に従事するしかなかった。こうした現実は個人のスキルの問題ではなくて、地域の労働環境の問題ではないだろうか。

3　現状維持という名のゆるやかな後退

日本は第三次産業を主体とした先進国である。第三次産業はサービスや情報といった目に見えないモノを扱う産業である。たとえば、娯楽や教育、金融やＩＴなどがこれにあたる。

図表1　日本の産業構造の割合

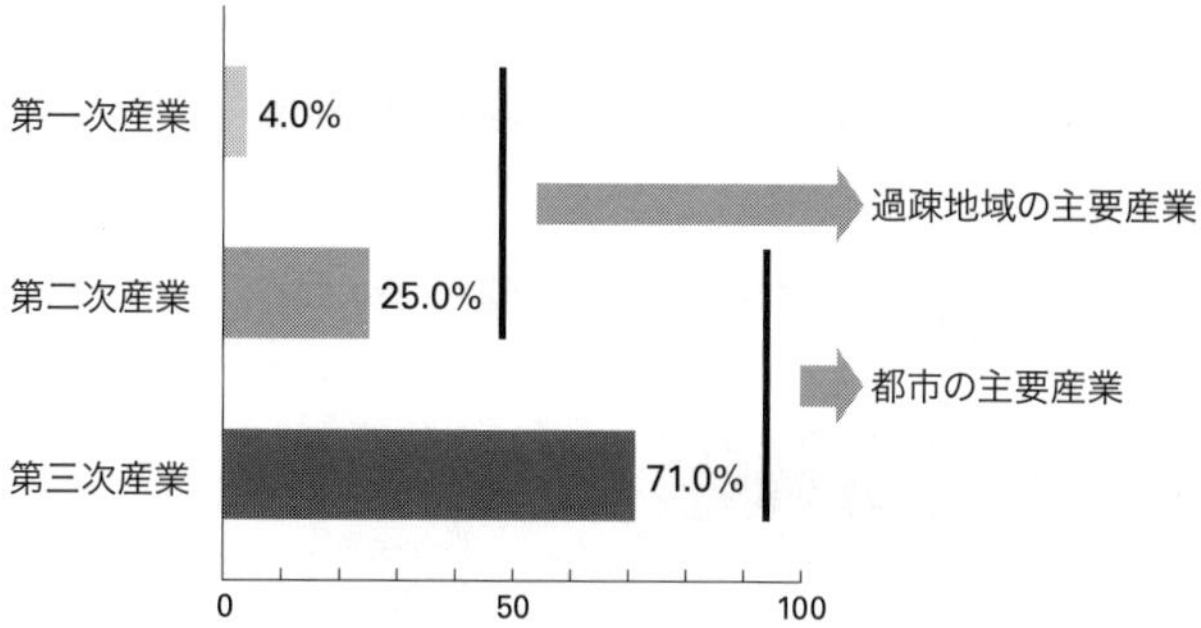

出所）総務省統計局　2020年『国勢調査』のデータを基に筆者作成

ちなみに、第三次産業に従事する労働者の多くが背広に白いカッターシャツを着ていたことから、第三次産業従事者をホワイトカラーと呼ぶ。

総務省統計局のデータによると、日本の産業構造の割合は、２０２０年の時点で第一次産業が４・０%、第二次産業が25・０%、第三次産業が71・０%となっている（図表1）。

現代の日本は情報化社会に突入し、第三次産業の比率は年々増えている。１９２０年において第三次産業は30%に満たなかった。それが２０２０年では70%を超えている。工業化時代の名残を引きずりつつ、第一次産業から第二次産業、さらに第三次産業へと移行している。時代の流れが第三次産業にあるのは明らかである。第三次産業を推し進めてこそ、地域経済の再生は成し遂げられる。

図表2　曽於市の産業割合

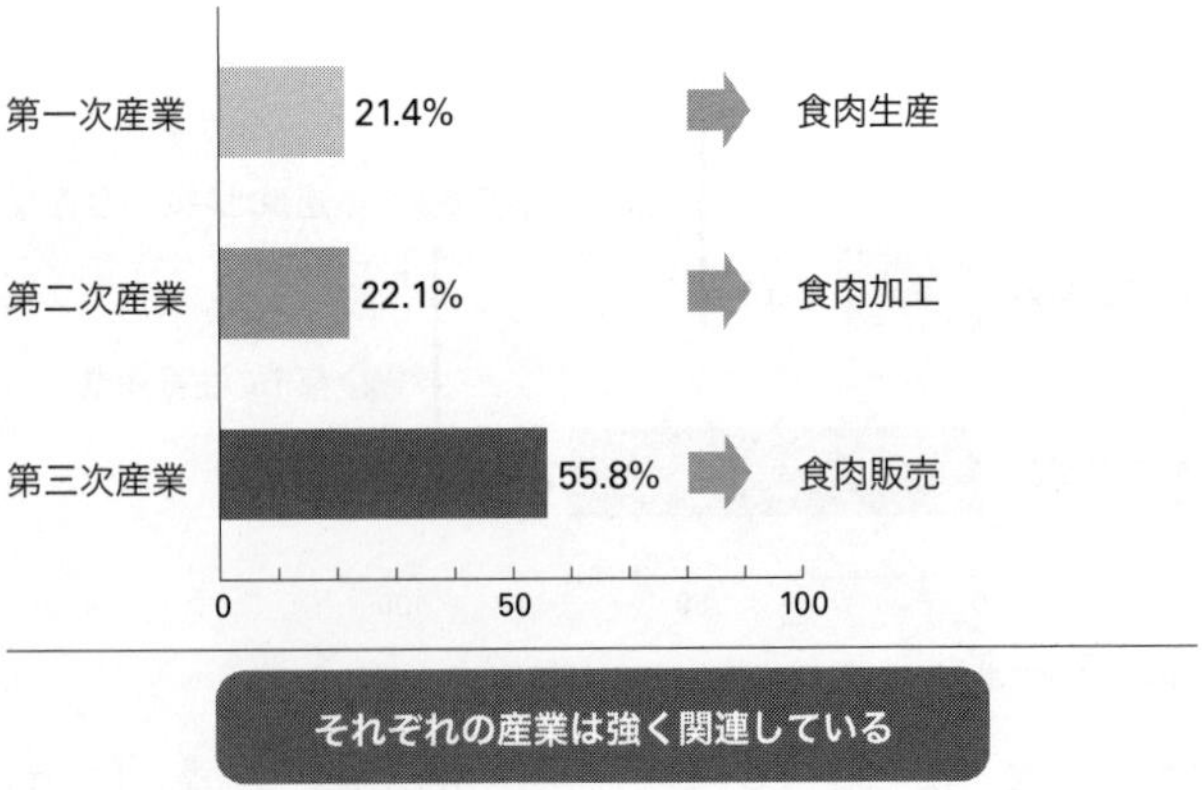

出所）曽於市役所、2020年『第２期／まち・ひと・しごと創生総合戦略 人口ビジョン総合戦略』のデータを基に筆者作成

しかし、為政者の選挙公約は、どの候補者も足並みをそろえて「第一次産業の推進や工場誘致」、そして「農業や畜産などを中心とした地場産業の活性化」といったフレーズを並べている。

どうしてそうなるのか。

……選挙に勝つためである。過疎地域の主要産業が農業や畜産ということは、有権者もおのずとその関係者が多くなる。そのため、おのずと第一次産業を中心とした政策が争点となる。

たとえば、鹿児島県曽《そ》於《お》市の産業割合は、第一次産業が21・4%、第二次産業が22・1%、第三次産業が55・8%となっている（図表2）。データのみを見た場合、第三次産業が半数を占めているが、それぞれの産業は強く関連している。曽於市では畜産が主要産業となっているため、第二次産業では食肉を加工し、第三次産業で食肉を販売しているといった具合である。

また、次に見るのは曽於市の「産業割合の推移」（図表3、次ページ）と「就業者割合の推移」である（図表4、同）。

現在、曽於市においても第三次産業が半数を超えているが、これは第一次産業の減少による就業者数全体の減少に要因がある。単純に第三次産業が増えているのではなく、若者を中心として第一次産業から離れる動きがあり、その就業人口が大きく減ったために、相対的に第三次産業の割合が増えているということだ。つまり、第三次産業の就業者人口が増えているわけでは決してないのである。

このとき、為政者はデータのみを見て、減った項目を元に戻そうとする。時代の流れに従うのではなく、昔ながらの産業構造を守ろうとする。たとえば、鹿児島県志布志《しぶし》市では、「産業人口の状況〔２０２０年〕」として次のような文章がある。

「昭和60（１９８５）年と平成27（２０１５）年を比較して、就業者数全体は20・６％減となっていますが、第一次産業人口は55・９％減と減少幅が大きくなっています。（中略）志

図表３　曽於市の産業割合の推移

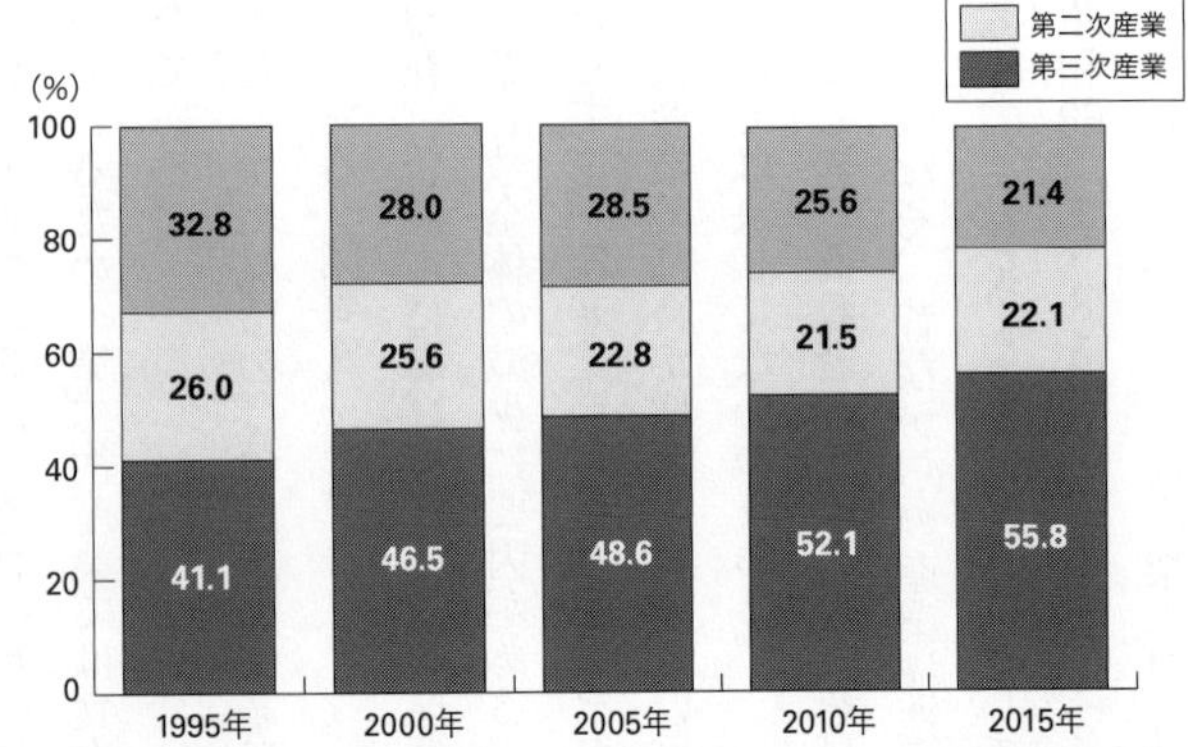

誤差は分類不能の産業

出所）曽於市役所、2020年『第２期／まち・ひと・しごと創生総合戦略 人口ビジョン総合戦略』のデータを基に筆者作成

図表４　曽於市の就業者割合の推移

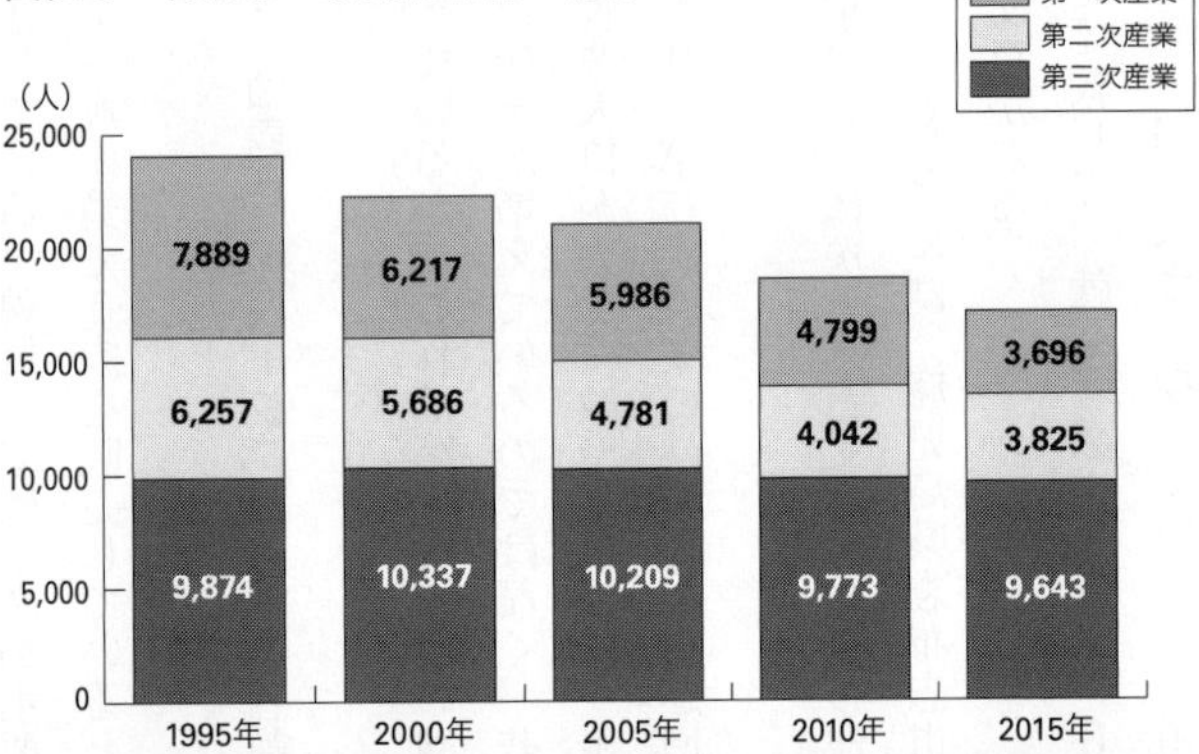

誤差は分類不能の産業

出所）曽於市役所、2020年『第２期／まち・ひと・しごと創生総合戦略 人口ビジョン総合戦略』のデータを基に筆者作成

布志市の主要産業である農業の担い手を確保することは、市全体の産業規模の維持にも必要であると考えられます」（『志布志市まち・ひと・しごと創生人口ビジョン』令和２年３月改訂版）

本来なら時代の流れにそった構造改革を進め、第三次産業に特化した新たな産業をつくるべきだが、過疎地域には新しいモノを忌み嫌う保守性と閉鎖性がある。昔ながらの第一次産業を優遇するような政策でなければ、地域住民の支持を得られないのである。

選挙といえば自民党と共産党の二者択一である。両党とも人口の大部分を占める高齢者の優遇を主張している。たとえば、フラワーパークやパークゴルフ場といった高齢者のための娯楽施設の建設である。そこには本当の意味で過疎地域を活性化させる意志はない。過疎地域の人たちも旧態依然とした中で、「現状維持という名のゆるやかな後退」を望んでいる。

この「現状維持という名のゆるやかな後退」というフレーズは過疎地域を考えるうえでのキーポイントになる。なぜなら、経済活動は成長と後退の二つの道に分かれる。現状維持はすなわち「ゆるやかな後退」を意味している。過疎地域が求めているのは現状維持という名のゆるやかな後退だった。それが繰り返されてきたことで、人口が減り、廃屋が増え、土地が荒れている。時代遅れのくたびれた設備をそのまま使っているため利便性も悪化している。

たとえば、私は２００４年に建てられた家屋に住んでいるが、それでもトイレは汲《く》み取り式になっている。家屋を建てるにあたって、汲み取り式でもよいとする昭和の発想から変わっていないのだ。つまり、過疎地域にあったのは「昭和」そのものだった。まさか、過疎地域が昭和の時代を引きずっているとは考えていなかった。むしろ、現状維持という名のゆるやかな後退により、さらに悪くなっていた。

いわゆる日本の国の借金がよく話題になっているが、日本の国の借金にプラスして地方自治体の借金もある。日本の国の借金は、中央政府が持つ資産にいくらか資産価値がある。貸借対照表で考えればそれほどの借金ではなくなる。それに対して過疎地域の地方自治体が持つ資産には資産価値がない。そのため、借金がそのまま借金として残る。今後も地方自治体の借金はどんどん増えて、その資産価値はどんどん低下していく。さて、どうしたものか。正直なところ、どうしようもないのである。

阿久根市の失敗

過疎地域にはしがらみがあり、それにより、既得権益が守られている。その既得権益を、バカ者を市長に立てることで壊そうとした地方自治体があった。それが鹿児島県の阿久根《あくね》市である。

２００8年当時、阿久根市民の平均年収は二百三十万円程だった。これに対して市役所職員の平均年収は六百五十五万円であり、退職金は二千六百五十万円である。

一般的に過疎地域は、高所得者層と低所得者層に二分される。地方公務員と一部の補助金事業者が全体の平均年収を押し上げているため、それ以外の市民は年収二百万にも満たないのが現実だった。

地域経済が疲弊し、長時間働いても「食べるのがやっと」といった厳しい生活の中で、一部の地方公務員だけが中央政府から給与を保障されており、都心と同じ平均年収を得ていた。そのため、それを知る人びとの中に根強い不公平感があった。そうした不公平感を巧みにくみ取り、阿久根市の市長に就任したのが竹原信一だった。

竹原はそこで、日本の地方自治の在り方を根底から揺さぶる手段を取った。公の場で市役所職員のスローモーな仕事ぶりを痛烈に批判し、職員の給与明細をホームページに公開したのである。その60％が年収六百万円を超える高給ぶりを市民に知らしめたうえで、市長の専決処分で職員の賞与を半減した。また、市議会議員の定数を大幅に削減し、補助金事業者についても既得権益を排除していった。それらは市議会を招集せず、市長の専決処分の乱発により行われた。

　これについて既得権益を持たない地域住民からは、「よくやってくれた」といった声が上がった。とくに阿久根市以外の地域住民からの評価が高く、「これくらいやらないと何も変わらない」と、その手腕を大きく期待された。マスメディアでも大きく取り上げられて、鹿児島県の過疎地域が全国的にクローズアップされた。

　その一方で既得権益を奪われた者たちは強烈な反市長派になった。議会で不信任決議案が可決され、阿久根市を二分する選挙を七回も繰り返している。そのたびに市民同士の対立といがみ合いが増幅し、地域社会を分断していった。この争いは、竹原が市長に就任した２００８年９月から、２０１１年１月の出直し市長選挙で敗れるまで、約二年五カ月間にも及び、「あくね闘争〔２０１０年・２０１２年〕」と呼ばれている。

　何事も「小さな改善」を積み重ねなければ、「大きな改革」が必要になる。その改善を怠ってきた過疎地域を変革するには、痛みの伴う改革が必要だった。ただし、竹原には既得権益を壊した先の、もう一歩向こうにある景色がなかった。阿久根市をどうしたいのか、将来のビジョンがまったくなかったのである。

　竹原にあったのは、溢れんばかりの虚栄心であり、バカ者として振る舞うパフォーマンスだった。強い言葉には自己陶酔させる魔物が棲んでおり、正しい言葉よりも魅力的に感じられる。竹原は意味もなく強い言葉を好み、正しい言葉で正しく伝えようとはしなかった。正しい言葉を使っていないのだから確実に間違いが起こる。市民とのあいだに合意や納得が広がらず、阿久根市のチャレンジは失敗に終わった。

これにより、過疎地域の人たちが、過疎地域の人たちの手で自治体の在り方を変えることはできないといった諦めが広がった。国そのものの構造を変えない限り、現状維持という名のゆるやかな後退は続いていくのである。

進まない道州制

市町村長の報酬は、年間一千二百万円程である。その報酬は中央政府が地方交付税で保障している。たとえそれが過疎地域の市町村長であっても、大阪市や名古屋市、横浜市のような大都市の市長と同じ報酬を得られる。一般的に、どのような市長村長であっても、それは同格として扱われる。

また、二名の副市町村長を置く自治体がほとんどであり、その報酬はそれぞれ八百万円程である。この報酬も中央政府が地方交付税で保障している。この副市町村長には人事権が与えられる場合が多く、地元企業から試供品やサンプルといった名目で様々な品々が送られてくる。さらに、市町村長や副市町村長には、出張費や会食費といった様々な経費が認められている。こうした既得権益を守るには、地域住民の既得権益も守る必要があった。そのようにしなければ選挙に勝てないのである。

正直なところ、過疎地域において地方自治に興味があるのは、既得権益を持っている者のみであり、その他の人びとはまったく地方自治に興味がなかった。誠におかしな話なのだが、マスメディアが扱っている東京都や大阪府の地方自治には興味を示しても、自分たちの地方自治にはまったく無関心なのである。そのため、既得権益を持つ者たちは、高齢者施設の建設や地場産業の保護といった名目を使って、自分たちの都合のよいように地方自治を誘導する傾向があった。

こうした旧態依然とした体質を打破できるのは、もはや地方分権による道州制のみだろう。日本の国土を九つから十三のブロックに分けて、中央政府に一元化されていた権限と財源を、それぞれのブロックに分散させる。

たとえば、２００９年に民主党が政権政党になったのは、自民党を鍛え直す目的と同時に、民主党にいったん政権を預けて、その主張している理想論が実現できるのかお手並みを拝見する目的もあった。残念ながら民主党政権は主張していた理想のほとんどを実現できずに終わった。自民党が何一つ協力しなかったことも、民主党政権が失敗した要因ではあるが、民主党に理想を実現する覚悟がなかったことが何より大きかった。なぜなら、日本のような中央集権システムで覚悟を持つには、権限と財源が大きすぎたからだ。ついつい尻込みして何も変えられなくなる。これが道州制になると、権限と財源が分散するため、それぞれの地方は、それぞれの方針を打ち出して、それぞれの覚悟を持って、いろいろと試行錯誤できるようになる。地方同士で競争意識が芽生え、一人一人の声が政策に反映されやすくなるため、有権者の意識もずいぶん変わる。

たとえば、カジノを誘致してはどうだろう。カジノ都市はショービジネスやホテルビジネスなど、様々な産業が一体となって成立している。ヒトを呼び込み、モノを呼び込み、カネを呼び込み、情報を呼び込む。海外では廃れてしまった地方都市がカジノで復興した事例がたくさんある。

たとえば、中国人の移民を十万人ほど受け入れて、日本最大のチャイナタウンをつくってはどうだろう。むしろ、かつてのアメリカのように世界中から移民を受け入れて、多民族的な地方をつくるのも面白いだろう。人口の半数が外国人といった地方都市をつくりあげたら、アジアにどれほどのインパクトを与えるだろう。日本文化の中心をすっとばして、アジア文化の中心地にもなりうるだろう。

その他にも、アメリカやヨーロッパのように大麻を合法化してみる。同性婚や夫婦別姓、安楽死を認めるのも一つの手段である。また、軍隊としての地方軍を組織してみるのも面白いだろう。先駆けてベーシックインカムを導入するのも面白いだろう。

もちろん成功する地方もあれば、失敗する地方もある。たとえ失敗したとしても、その失敗は中央政府にとっても大きな財産になる。失敗した地方は、成功した地方を参考にして新たに出直せばよいだろう。その舵取りを中央政府が行う。

もちろん、物質的な豊かさを求めないのも一つの選択肢である。物質的な豊かさを求めるのか、求めないのか、地域の人びとの判断で決めていく。過疎地域の人たちがリアルな行政を身近に感じて、そこにあるモノしか、そこに存在しないのだと自覚することが重要だろう。限られた資源の中でチャレンジを繰り返せば、おのずと自治の心も育まれるだろう。その結果として新たな資源がつくられる可能性もある。過疎地域の人たちがしっかりとした覚悟を持ち、自分たちの判断で故郷の在り方を決められる環境をつくるべきだろう。

このように道州制は国家単位では進まないチャレンジが可能になる。それぞれの地域が刺激し合うことで、人びとの意識は活性化される。歴史的に社会システムは年月の経過とともに形骸化していく。今こそ日本社会を変革して道州制を導入するべきではないだろうか。

しかし、そこには大きな壁がある。公務員や補助金事業者たちの既得権益を守る意識や、過疎地域の人びとが持つ保守性と閉鎖性が変革を拒むのである。中央政府においても利権構造が複雑に絡み合っているため、これを打ち崩すことが、もはや叶わなくなっている。

たとえば、都道府県知事十名で組織された「国の出先機関原則廃止プロジェクトチーム」の報告〔２０１０年〕によれば、「中央省庁は組織をあげて地方分権改革に抵抗し、地方分権改革推進委員会の勧告に対して極めて消極的な態度に終始した。権限移譲のリーディングケースであった直轄道路・直轄河川の移管についても、地方側との個別協議において国が協力的であったとは言えず、権限移譲に伴う財源の保証についても国が明確な方針を示さなかった。また、地方の側でも国から地方への財源移譲のみならず、移管事務の受入体制や国から地方への人材移管についても明確な考え方を示すことができず、移管協議はほとんど進まなかった。一方、政治のリーダーシップも十分に発揮されることはなかった。政府が平成21年3月に策定した『国の出先機関改革に係る工程表』には、具体的な移譲事務の内容はもちろん、組織の具体的な方向性も示されず、国の出先機関改革は事実上、進展しなかった」(『国の出先機関の原則廃止に向けて』)と述べられている。

さて、どうしたものか。正直なところ、どうしようもないのである。

価値観の多様性におけるジレンマ

一つの価値基準に慣れ親しんでいる者にとって、それ以外の価値基準にかかわるのは思いのほか煩わしいものだ。一つの価値基準の中で物事を一方的に決めつけていた方が楽である。そうした同一性の中で暮らす幸せが、私たちの社会には思いのほか多くある。

今ある過疎地域はそうした同一性の中に存在している。とりあえず「清く正しく美しく」といった建前を訴える。「みんな仲がよくなければならない」「この地域に愛着がなければならない」「この学校(会社)が好きでなければならない」等々、「何々でなければならない」のオンパレードである。

このとき、「仲が悪くてもよいではないか」「地域に愛着がなくてもよいではないか」「学校(会社)が嫌いでもよいではないか」と言おうものなら、「とんでもない」といった具合に叱られる。だからといって、過疎地域の人たちがみんな仲よくしているかといえば、決してそうではなかった。

たとえば、都心では政府やマスメディアの主張と異なるデモをやっても、それはそれで価値観の多様性として認めてもらえる。それがこと過疎地域となるとそうはいかない。マスメディアと異なる主張をするとたちまち村八分に遭う。沖縄県における米軍基地の扱いは、その最たる事例だろう。マスメディアと異なる発言をしたら引っ越さなければならなくなる。こうした雰囲気は都心で暮らしている者には肌感覚として捉え難いのではないだろうか。

過疎地域で暮らしていくうえで重要なのは、目上の者の都合に従うといった従順さだった。過疎地域には、やることをいちいち直そうとする者がたくさんいた。知りもしない、やってもいないのに相手を否定する者がたくさんいた。褒めないで叩くことしかしない者がたくさんいた。ああ思う、こう思うといった感覚で、他者に干渉してくるため、ほんの些細な自己主張が大きなトラブルになる。こうした窮屈感は、いくら頭で理解しても、その雰囲気の中で生活してみなければ肌感覚として捉えられないだろう。あのイエス・キリストでさえ、一定の空気感の中で異を唱えて処刑されている。あのソクラテスでさえも、地域の権力者や知識人と呼ばれる者たちを論破し、方々から恨みを買って死刑になっている。

何事も比べる対象ができて、ようやくその違いが捉えられるようになり、いろいろな事柄が分かるようになる。たとえば、海外の価値基準に触れて、それを肌感覚として知ることで、ようやく日本がどういう国なのか捉えられる。それは都心と過疎地域も同じだった。都心で暮らす者が、過疎地域の空気の中で、過疎地域の人たちと触れ合うことで、ようやく都心がどういう地域なのか捉えられる。過疎地域で暮らす者が、都心の空気の中で、都心の人たちと触れ合うことで、ようやく過疎地域がどういう地域なのか捉えられる。都心でのみ暮らしていると都心のことが分からなくなる。過疎地域でのみ暮らしていると過疎地域のことが分からなくなる。

私たちは、ある一定の価値基準の中で暮らしていると、それが当たり前になり、その価値基準にどうしても染まってしまう。そして、違う環境への想像力を失う。他の環境も自分がいる環境と同じなのだと錯覚してしまう。経営者は労働者のことが分からなくなる。上司は部下のことが分からなくなる。高所得者は低所得者のことが分からなくなる。環境が違う者や、境遇が違う者の立場を、私たちは想像できなくなる。分かっているはずのことが、いつの間にか分からなくなってしまう。

たとえば、私は海外で生活し、海外で仕事をしていく中で、ようやく日本と海外の違いが分かった。海外を歩き回る中で多様性というものが何であるのか分かった。しかし、過疎地域に長く暮らしていると、分かっているはずの多様性が分からなくなってくる。

つまり、日本の過疎地域で暮らしていて、そこからほとんど出たことがない場合、日本がどういう国か分からないし、暮らしている地域がどういう地域なのかさえ分からないはずである。しかし、過疎地域の人たちは海外や異なる地域について分かっているかのように語る。たとえば、中国大陸や朝鮮半島、東南アジアに対して見下した物言いをする者が過疎地域にはたくさんいた。マスメディアから情報を仕入れて、その中で違いを認識していた。しかし、マスメディアが流す情報は、正しいか間違っているかではなく、面白いか面白くないかである。営利企業であるマスメディアは、いかに効率よくお金を稼ぐかが問われており、何よりも面白さが追求される。

結局のところ、過疎地域では政治ネタが娯楽になっていた。他に娯楽がないため、それは仕方がないことでもあった。こうした傾向は日本の過疎地域に限らず、アメリカの過疎地域や、イギリスの過疎地域、フランスの過疎地域でも同じだった。たとえば、イギリスの哲学者であるジョン・ロックは、「都市の人間は礼儀正しく理性的であるが、森や林の住人は非合理的で無教養である」と述べている。

だからこそ私は、過疎地域の人たちにも価値観の多様性をいくらか知ってほしいと願っており、これまで何度か「価値観の多様性が大切です」と伝えたことがある。そのたびに何だかよく分からない顔をされるのが常だった。

地域に閉じこもる人びと

過疎地域の人たちの意識を向上させる手段はいくつかある。地方自治体がよく使う手段として、著名人を招いての講演会や芸術文化鑑賞などがある。ＴＶに出演している知識文化人を文化会館に招いて意識の向上を図るといったものだ。過疎地域の人びとは著名人が大好きなので、地方自治体はそれなりの評価を得られる。しかし、これはＴＶを観ているのと同じようなものであり、分かったつもりになるだけで終わる。結局のところ何も変わらないのだが、地方自治体の目的は「いかに無難に済ませるか」であり、チャレンジしないことが重要だった。

もし本当の意味で人びとの意識を向上させるのであれば、過疎地域に閉じこもっていたら駄目だろう。自ら現場に出向き、自ら現場で感じ、自ら能動的に学ぶ必要がある。大切なのは文化の消費者から脱皮して、文化のつくり手になることではないだろうか。

正直なところ、過疎地域の芸術文化に対する意識は、都心とはずいぶん違っていた。過疎地域ではマスメディアが芸術文化の中心であり、それ以外の価値基準を持っていなかった。たとえば、流行歌ばかり聴いている自称音楽好きや、流行映画ばかり観ている自称映画好き、報道番組の受け売りで国政を語る自称政治評論家がたくさんいた。

また、過疎地域の人たちは、「ＴＶに出ている人は一流で、それ以外は三流だ」「能力があったら成功しているはずだ」といった言葉をよく使っていた。都心で暮らしていると「それは違う」といった感覚を持てるが、過疎地域の人たちは一流と触れ合った経験がなく、そうした感覚を持つのは仕方がなかった。

たとえば、マスメディアで一流と呼ばれる者の中には、二流や三流もたくさんいる。直接会って話をしてみれば「この程度のものか」といくらでも感じる。しかし過疎地域の人びとにとって、マスメディアに出演している者は雲の上の存在であり、まるで神様のごとく過大評価する傾向にある。

都心では視野を広げる意識さえあれば、毎日のように一流の芸術文化を学べる。マイナーな芸術文化であっても、アングラな芸術文化であっても、意識さえしていれば毎日のように

図表5　過疎化の構図

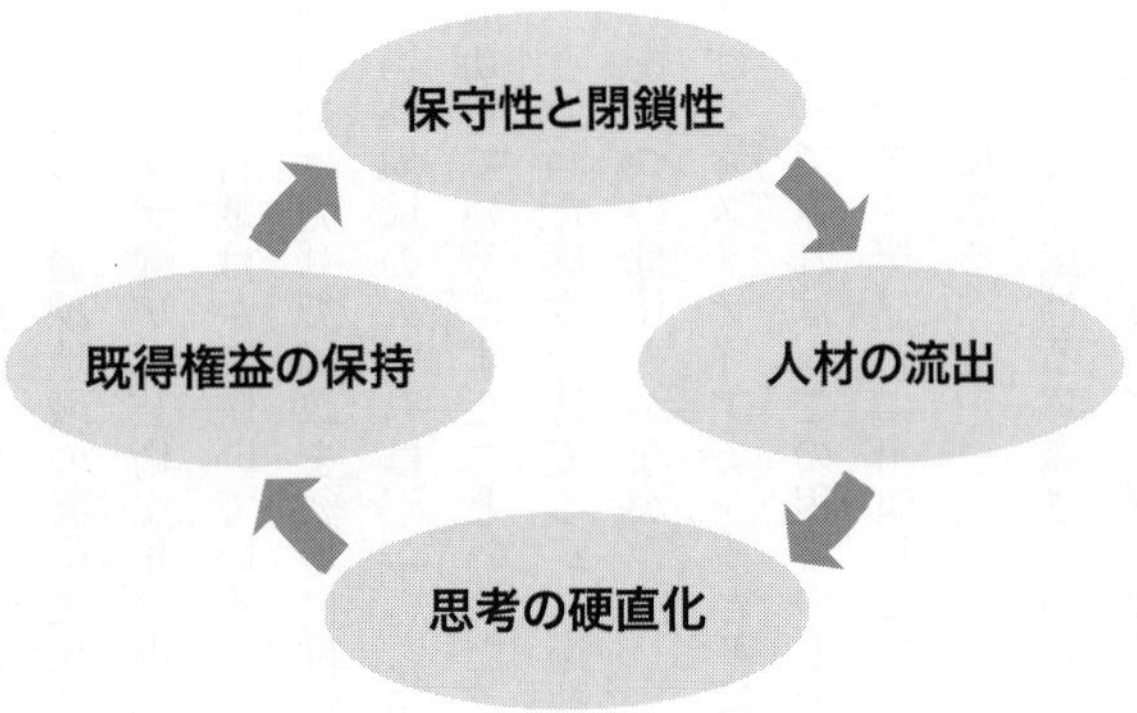

筆者作成

触れ合える。残念ながら過疎地域には、そうした機会がまったくない。マスメディアこそが芸術文化の中心であり、ＴＶを観ていない者はダサい者として認識される。

どうしてそうなるのか。ある一定の範囲で暮らしていたら、どうしても視野が狭くなるのではないだろうか。新たな出会いや発見がなくなり、向上心や学習能力が衰えていくのではないだろうか。地方自治体は人口の５％でもよいので、過疎地域に閉じこもる人たちを都心に連れ出して、現場の空気や肌感覚を学ばせてはどうだろう。そのうえで一流の者たちと触れ合う機会をつくってみてはどうだろう。５％の人びとが一流のモノの見方を現場で学ぶだけで、ずいぶんと過疎地域の現状は変わるのではないだろうか。ときにはニューヨークやロンドンなどの国際都市に連れ出してみてはどうだろう。人種のるつぼと化しているマンハッタンを歩くだけで、これまでとは違うインスピレーションが湧くのではないだろうか。

たしかに、過疎地域には保守性と閉鎖性があり、生まれ育った地元から一歩も出たくないと主張する高齢者がたくさんいる。また、都心の経済活動で使い捨てられ、心身ともに疲れ果てて過疎地域に戻ってくる中年者もいる。子どもを抱えた出戻りの母親もたくさんいる。それぞれの事情はそれとして尊重し、これはこれといった具合に視野を広げさせてみてはどうだろう。その背中を押すのが、本当の意味での地方自治体の役割ではないだろうか。

それにもかかわらず、地方自治体そのものが、チャレンジを敬遠して補助金に頼った受身の政策になっていた。「いかに無難に済ませるか」に終始し、時代に沿った構造改革を怠っていた。

第三章　過疎地域批判

第三章では、第一部のまとめとして、「第一章　過疎地域のよくある事例」及び「第二章　過疎地域のよくある問題」を振り返る。そのうえで、今回の過疎地域研究で得られた知見について述べる。

たくさんの違和感

過疎地域での暮らしは私にたくさんの違和感を与えてくれた。それは貧困地域や発展途上地域のような社会であり、イレギュラーが苦手な社会であり、過疎地クオリティーな社会であり、スローモーな社会であり、イメージされた社会であり、スタートが遅れる社会であり、変化を嫌う社会であり、清く正しく美しい社会であり、もやもやした社会であり、情感に価値を置く社会であり、ぐるぐると空回りした社会であり、ブラック企業が標準の社会だった。その他にも、何々でなければならない的な押し付けや、既得権益にしがみつく人びとや、お互いに足を引っ張り合う人びとの姿があった。それにより、過疎地域では現状維持という名のゆるやかな後退が進んでいた。人口が減り、廃屋が増えて、土地が荒れている。

こうした現実は、私が暮らしている過疎地域に限ったことではなく、日本全国の過疎地域で起こっていた。たとえば、その廃屋や土地に資産価値がないため相続人は相続放棄をしていた。たとえ相続したとしても、もてあましてその処理に困っていた。地方自治体は固定資産税の税収が欲しいので、有効な対策を打つことなく、そうした現実を放置していた。

地域活性化事業といえば、公園をつくる程度の発想しかなかった。それらの公園は有効活用されることなく、膨大な維持費がかかっていた。それにもかかわらず、同じような公園を繰り返しつくっていた。生産性のない公園を繰り返しつくる理由は、清く正しく美しくといった過疎地域の理念に合致するからである。

また、運動場や体育館、キャンプ場といった施設もたくさんつくっていた。これらの施設の収益がどれくらいあるのか調べたところ、光熱費に届くか、届かないくらいの収益しかなかった。人件費や修繕費については、その七割を地方交付税、三割を地方自治体の借金で埋め合わせていた。同じような施設が市内に三つ四つあるため、地方自治体は一つにまとめたいと考えているが、地域住民の反対が根強く、まとめられないとのことだった。

地方自治体は、地域住民の需要にあまるそれらの施設を有効活用する手段として、スポーツ合宿などの誘致を積極的に行っているが、近隣の地方自治体も同じような施設をつくっているため、お互いに誘致合戦となり、つぶし合っている状態だった。

また、古民家の再生や、廃駅や廃線の再利用なども地域活性化事業として定番になっていた。しかし、その効果は限定的であり、生産性のある継続的な仕組みになっていない。それにもかかわらず、そうした地域活性化事業が評価されて、「全国過疎地域自立促進賞」「地域活性化大賞」「地域再生大賞」「地域創造大賞」「地方創生大臣賞」「地域貢献大賞」等々、よく分からない賞をもらっていた。そのよく分からない賞を選考しているのは官僚であり、都心で暮らしている者だった。子どもがのびのびと暮らす様子や、高齢者が微笑んでいる理想郷を描き、そのイメージポスターを都心の広告代理店が補助金を使ってつくる。これも一つの補助金事業である。

若者を呼び込む策といえば、「魅力のある地場産業での就職斡旋」や、「自然に囲まれた住宅を安く提供」といった清く正しく美しいものばかりだった。そのような目先のニンジンでは、活力ある若者の心は疼《うず》かないのである。若者が持つ活力の源は、よい意味でも悪い意味でもヤバイことにある。「ちょっとヤバイ匂いのするモノ」や「ちょっとあぶない香りのするモノ」に、活力ある若者は心を奪われる。だからこそ、活力ある若者は刺激を求めて過疎地域を去っていた。

マスメディアといえば、好感度や企業イメージの低下を恐れて、過疎地域への批判をタブー化していた。マスメディアの仕事は情報提供にあるため、過疎地域を批判して、その後の取材を拒否されたら困る。おのずと自主規制をかけて、突っ込んだ話題に触れないようにしていた。

これは為政者も同じだった。過疎地域を賛美し、「けなげに生きる人びと」といったイメージをつくる。このとき、過疎地域を下手に批判しようものなら各方面から誹謗中傷されて足をすくわれる。その誹謗中傷というのは、過疎地域への批判そのものを誹謗中傷する場合もあれば、些細な言葉尻を捕らえて誹謗中傷し、批判そのものが間違っているとする場合もある。とにかく各方面から誹謗中傷されるのである。そして、そうした誹謗中傷を面白がる者がたくさんいる。

知識文化人と呼ばれる者たちも同じだった。イベントや講演会などで食費や移動費、宿泊費の接待を受けたうえで、高額のギャラをもらっている。過疎地域の人たちは著名人が大好きなのでチヤホヤもされる。おのずと過疎地域を批判できなくなり、次の仕事につなげる目的もあり、その上辺だけを見て過疎地域を褒め称える。だからといって、その過疎地域で暮らすことは決してない。

中央政府の官僚といえば、自らの既得権益を守るために必死になっていた。道州制が進まない要因として、官僚の激しい抵抗があった。どの省庁も不要な出先機関を地方につくっており、それが官僚の仕事をつくりだす道具になっているわけだが、その既得権益を守るために、「地方の人びとに行政を任せるのは、その能力からして不可能」と主張している。そして、それがある一定の説得力を持ってしまっている。

過疎地域の産業といえば、そのほとんどが補助金で支えられている。補助金とは、中央政府や地方自治体などが政策を掲げて行う給付である。一定の募集期間が設けられており、それに応募することで採択される。採択権限のある行政機関としがらみを持つことで便宜を図ってもらえる。

たとえば、地方紙に「地元特産品を使った食品を製造している○○会社の純利益は五百万円であり、素晴らしい成果を上げている」といった記載がされていても、補助金が五千万円程投入されているので実際は四千五百万円の赤字になる。「観光業の○○会社は純利益一千万円で地域に貢献している」といった記載がされていても、補助金が七千万円程投入されているので実際は六千万円の赤字になる。

このように補助金事業者は、雇用を確保する名目から毎年多額の補助金をもらっている。これといった業績を上げなくても、地方交付税や国県支出金で確実に利益が出るのである。過疎地域には、そうした補助金ビジネスがしっかり根付いており、いかにして権威者を持ち上げて、いかにして現状維持を図るかが大切だった。

その持ち上げられている権威者は、その地域でのみ暮らしてきた者であり、エスカレーター式に偉くなっていた。過疎地域は企業の数が少なく、行政をつかさどる者も少ないため、地盤さえあれば簡単に偉くなれる。三代目、四代目といった血縁による継承が一般的であり、その視野はとても狭く、しがらみにまみれている。しかもその権威者たちは高齢になっても引退しないのである。他にやることがないといった理由で、後継ぎがいてもその権威を握り続けていた。

たとえば、市議会議員にＩＴ設備の改善を申し立てても馬の耳に念仏に終わる。ＩＴ技術についての知識がないので、よく分からないことに手を出して、議会で質問されたら回答に窮するというのがその理由だった。すべてにおいてこのような状態であり、令和の時代になっても昭和の時代が続いていた。

繰り返すが、都心なら上には上がいて、もっと上へ上へといった気持ちになる。それが過疎地域だと、上がいないので権威を握ったとたん守りに入る。そうした様子を目の前で見せられたら、せっかくやってきたヨソ者やバカ者も、呆れて去っていく。

過疎地域の人びとといえば、地域に閉じこもり、吸うべき空気を読み合っていた。一般とは違う主張をすると、「とんでもない」といった具合に叱られるため、それを恐れてありきたりで無難な落とし所を探る。絆や協調の言葉を短絡的に使う者がいるが、強い絆や強い協調のあるところには往々にして強い束縛がある。それは個人の自由を踏みにじり、個人の価値観を否定し、個人の主体性を喪失させる。

過疎地域の人たちの大好きな言葉に、夢や希望がある。夢は寝てみるもので、希望は漠然と考えるものである。それらは偶然に得られるものであり、やってきてほしいとか、やってきたらよいなと考えながら、ひたすら運が巡ってくるのを待っている。それにより過疎地域は、現状維持という名のゆるやかな後退が進んでいた。

「何もしない」という生き方

私はいつもこう思う。

過疎地域の人びとは自分から積極的に仕掛けてみてはどうだろう。大志や目標を持って現状を打開してみてはどうだろう。影響を受ける側ではなく、影響を与える側になってみてはどうだろう。そして、マスメディアは過疎地域の現実を正しく伝えてみてはどうだろう。為政者は道州制の導入を積極的に検討してみてはどうだろう。官僚は日本国のために既得権益を捨ててはどうだろう。そのように考え方を改めてもらえないだろうか。なんとか前進してもらえないだろうか。しかし考えれば考えるほど、それらを変えられる仕組みになっていない。過疎地域の変革は構造的に無理なのである。

過疎地域には「補助金で楽に仕事ができているのだから競争原理を持ち込むな」といった考え方が根付いている。建前では「地域活性化を望んでいる」と言っていても、本音では「余計なことはしてくれるな」と考えていた。チャレンジする者の足を引っ張り、チャレンジに失敗した者を激しく非難していた。失敗を非難されれば心が萎縮してしまう。目標に向かってチャレンジする気力が萎《な》える。その結果として、何もしなくなる。安心安全を得る最大の手段は、何もしないことだった。何もしなければ非難されなくなる。そのような生き方が染みついたとき、失敗はしないが成功もしなくなる。

道州制は議論さえもろくに進んでおらず、マスメディアもろくに取り上げなくなった。誠に奇妙な話なのだが、私たちの社会には物事を停滞させることで既得権益を守る手法がある。そして、それがある一定の説得力を持っている。

それならそれで、人間の住まない土地を増やして、自然を動植物に返してあげたらどうだろう。過疎地域には虫のうごめく様子がある。動物の営みや生死を直視できる自然がある。それらは素晴らしく、思わず心が深呼吸してしまう。過疎地域で暮らすようになって改めて自然の偉大さを感じている。つまり、自然を扱う一部の研究者が過疎地域で暮らし、その他の人間は都市にまとまって暮らす――。これこそが、現代人のやるべき自然への配慮ではないだろうか。人間が日本列島の津々浦々まで住む必要があるのか。

たとえば、九州において福岡市は人口増加が続いている。九州の人びとは福岡市に集まっている。このまま放っておけば過疎地域はいずれ消える。中央政府の重い負担となっている過疎地域が消えることで税金の使い道も広がる。国家を運営していくうえで効率を考えるなら、過疎地域で人が暮らさないようにするべきだろう。Uターン政策やJターン政策、Iターン政策を今すぐにでも止めるべきだろう。過疎地にはびこっている補助金ビジネスを今すぐにでもなくすべきだろう。過疎地域はどんどん寂れて消えていくのがベストである。

しかし、これを主張すれば各方面から袋叩きに遭う。現状維持という名のゆるやかな後退こそが、叩かれずに済む唯一の着地点だった。建前と本音を上手く使い分けて、「地域活性化を望んでいる」と主張する必要があった。結局のところ、過疎地域の人びとにとっての地域活性化は建前であり、本音では現状維持という名のゆるやかな後退を望んでいるのである。

知っているようで知らないこと

そうした事実は、よくよく考えたら分かることでもあった。競争のある揉まれた環境が嫌だから、過疎地域の人びとは過疎地域で暮らしていた。そして、それでよいのではないかと私は考えている。

努力をせず、向上心を持たない人生があってもよいのではないだろうか。昔ながらといった親しみのあるモノを大切にし、新しいモノを排除する暮らしがあってもよいのではないだろうか。スローモーに暮らし、スローモーに衰えていく方が、思いのほか幸せに生きられるのではないだろうか。

小さな枠の中で身の丈に合った生活をひっそりと楽しむ。合理主義に基づく物質的な豊かさよりも、感覚主義に基づく精神的な豊かさを求める。そうした生活を楽しむのも一つの人生のかたちだろう。

結局のところ、私は過疎地域の現実が見えていなかった。過疎地域を知っているつもりでいて、じつはまったく知らなかったのである。つまり、知らないということを知る結果となった。それは、過疎地域の人びとは、都心の価値観を受け入れる気がないから過疎地域で暮らしているという単純な事実だった。今回の現地調査から得られた知見は次の二つである。

①都心で暮らしていると過疎地域の現実が見えなくなる。

②過疎地域で暮らしていると都心の現実が見えなくなる。

都心で暮らしている者はイメージで過疎地域を語る。過疎地域出身の人びとも思い出としての過疎地域を語る。そうしたイメージや思い出は、過疎地域の現実と大きく異なっている。みな知っているようで、じつは知らなかった、というのが過疎地域ではないだろうか。

図表6　過疎地域で暮らす人びとが持つ行動様式

[都心からの視点]

性向	感覚
閉鎖性	いやらしさ
保守性	息苦しさ
排他性	不自由感
依存性	窮屈感
規範性	退屈感

[過疎地域の視点]

この環境に慣れている！
競争のある揉まれた環境が嫌だ！

筆者作成

　おそらくというか、おそれながらというか、過疎地域で暮らし、過疎地域で仕事をしてみないと、過疎地域の現実は分からない。過疎地域を語るうえでの難しさが、そこにあるのではないだろうか。

　どうか、過疎地域の現実を正しく知ったうえで、過疎地域をどうするべきか考えていただきたく思う。

第二部　過疎地域分析

——過疎地域の活性化は本当に必要なのか

過疎関係・鹿児島県内分布図

2016年度

過疎関係市町村	41
過疎市町村	35
過疎地域とみなされる市町村	0
過疎地域とみなされる区域を有する市町村	6
過疎地域とみなされる区域	18
特定市町村	ナシ

2021年度

過疎関係市町村	41
過疎市町村	36
過疎地域とみなされる市町村	0
過疎地域とみなされる区域を有する市町村	5
過疎地域とみなされる区域	18
特定市町村	1

＊全市町村43

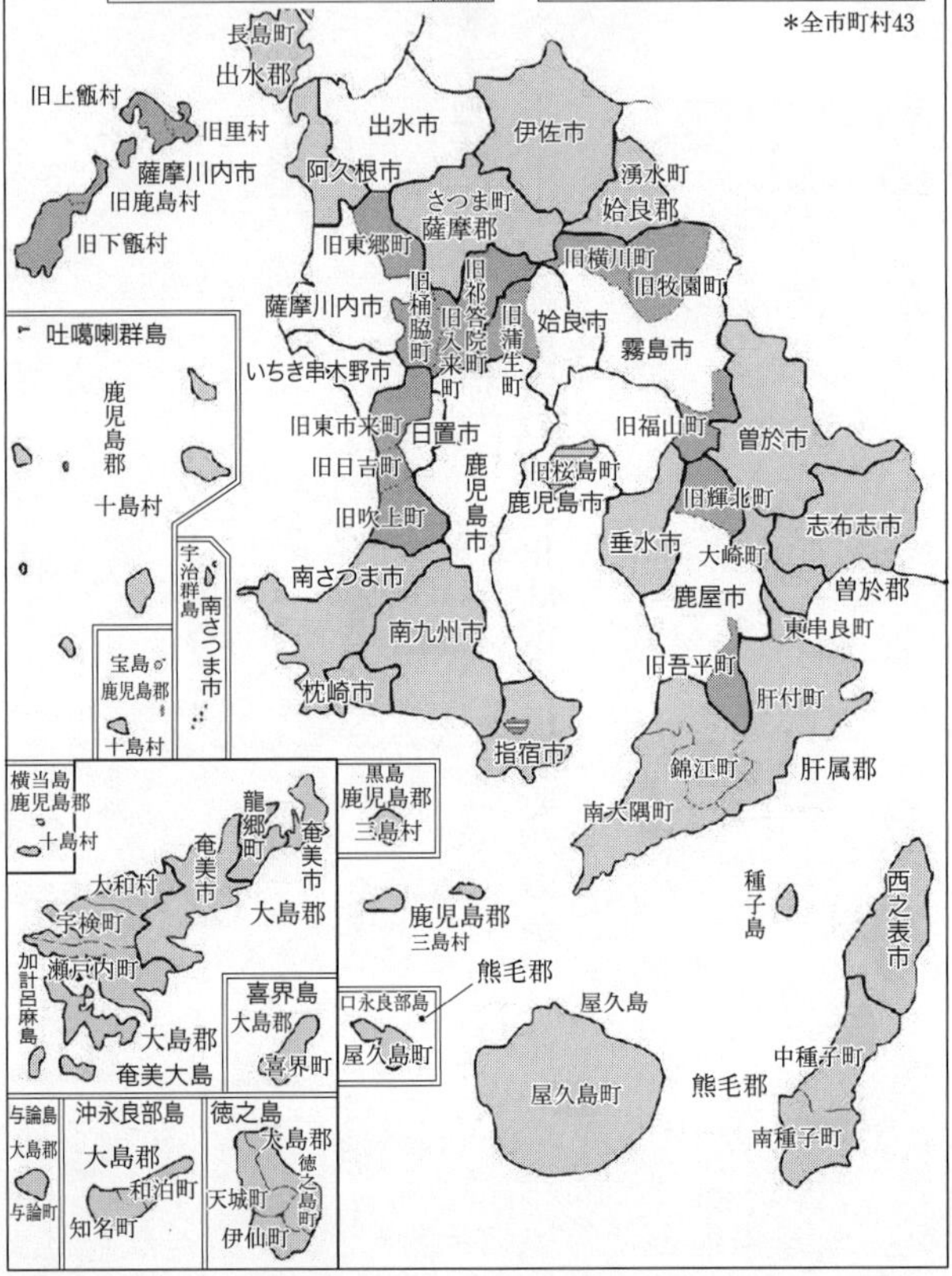

第二部は、過疎地域で暮らし始めて十二年目の２０２１年にまとめたものである。第一部の最後で述べたように、私は過疎地域を知っているつもりでいて、じつはまったく知らなかった。そこで、改めて過疎地域を分析する必要に迫られたのである。

第二部の大まかな流れは次のようになっている。

「第一章・地域の活性化は本当に正しいのか」では、過疎地域研究の背景について考察し、社会学者や経済学者が行う、都市を中心に置いた過疎地域研究について問題提起を行っている。

「第二章・過疎地域とは何か」では、第一章での問題提起を受けて、過疎地域の成り立ちや、過疎地域対策の背景について検証し、社会学者や経済学者が行う、都市を中心に置いた過疎地域研究について分析を行っている。そのうえで、都市に近い過疎地域と、都市から遠く離れた過疎地域との差別化を図っている。

「第三章・地域活性化の事例調査」では、地域活性化についての矛盾を指摘し、どうしてそのような矛盾が起こるのかについて考察している。そのうえで、地域おこし協力隊やリノベーション、地域住民が行う自治改革についての事例を調査し、それが地域にどのような効果をもたらし、どのような成果を上げているのか分析を行っている。

また、「第四章・過疎地域の現地調査」では、私がフィールドワークを行う過疎地域に焦点を絞り、過疎地域から若者がいなくなる原因を調査し、人口流出の要因を探っている。そのうえで、過疎地域を中心に置いた過疎地域研究の有用性を明確にし、次章への道標としている。

そして「第五章・田舎のいやらしさにおける考察」では、過疎地域の人びとと仕事をしていく中で得られた事例を紹介し、過疎地域がどのような社会システムの下で成り立ち、どのような文化システムの下で暮らしが営まれているのかについて、文化人類学の側面から考察し、田舎のいやらしさについての解明を試みている。

第一章　地域の活性化は本当に正しいのか

変わらないことを望む人びと

第二部の目的は、過疎地域の活性化に関して積み重ねられてきた社会学の諸研究について検証し、過疎地域が抱える問題点を浮き彫りにしたうえで、文化人類学の側面から過疎地域で暮らしている人びとが持つ保守性と閉鎖性を検証し、田舎のいやらしさについての解明を試みることである。それにより、従来の諸研究が陥ってしまった過疎地域の活性化策から脱却し、過疎地域で暮らしている者の視点から、現実に沿ったかたちで過疎地域の在り方を考察していく。

増田寛也元総務相ら民間有識者でつくる日本創生会議のレポート〔２０１４年〕によると、２０４０年には全国８９６の地方自治体が、存続が危ぶまれる消滅可能性都市に該当し、そのうち５２３の地方自治体は、行政機能が維持できるボーダーラインの一万人未満となり、それらの地域は消滅の可能性がさらに高くなると述べられている。

中央政府はこれを受けて内閣府地方創生推進事務局を設立し、地域創生を最重要政策の一つに掲げた。東京一極集中を是正し、地方の人口減少に歯止めをかけ、日本全体の活力を上げることを目的とした一連の政策である。地方自治体は様々な手段で人びとを呼び込もうとし、マスメディアなどでも地域活性化の必要性を盛んに訴えている。

その訴えの中心にあるのは「地域の活性化は正しい」といった認識である。しかし、本当に「地域の活性化は正しい」のだろうか。活性化している地域は好ましい町で、活性化していない地域は好ましくない町なのだろうか。それは都心で暮らしている者の勝手な思い込みではないだろうか。

一口に地方といっても、県庁所在地のように交通の便が整っている地域もあれば、陸の孤島になっている地域もある。過疎地域の中にも都市に近い場所に位置する過疎地域もあれば、都市から遠く離れている過疎地域もある。都市から遠く離れている過疎地域の中にも山村や漁村、離島もあり、それぞれ置かれている状況が違う。それらをすべてまとめて「地域の活性化は正しい」と論じてしまって本当によいのだろうか。過疎地域の活性化は本当によいことで、過疎地域が衰えるのは本当に悪いことなのだろうか。

私も都心で暮らしていた頃は、過疎地域の活性化は正論だと考えていた。過疎地域の発展は地域住民の幸せにつながると信じていた。そうした思い込みのようなものが、過疎地域での暮らしを通して少しずつ変わっていった。なぜなら、そこには変わらないことを望む人びとの姿があった。何一つ変わることなく、どこにも飛び立たず、廃れ、寂れ、衰えていくことを望む人びとの姿があった。地域の活性化が叫ばれている昨今の時局を鑑みて、そのような過疎地域の人たちについての研究を進め、過疎地域の活性化は本当に必要なのか、今一度考えてみたかった。

なお、本書の研究対象は、都心から遠く離れた地域であり、県庁所在地からも遠く離れた陸の孤島と呼ばれる地域である。都心近郊の過疎地域や、交通の便が整った地方都市とは異なる。

また、第二部の後半では、田舎のいやらしさについて考察している。そうした行動様式は日常生活や仕事を通じて表れるものであり、それを行う者としては認知し難い性質のものである。たとえそれを認知していたとしても公にすることが憚《はばか》られるものであり、隠しておくべき性質のものでもある。そのため、十二年間のフィールドワークで蓄積した事例やインタビューを基に考察を繰り返し、その根拠となるよう努めている。また、本稿を過疎地域の人びとに読んでもらうことで同意を得られるよう努めている。

過疎地域研究の背景

Ⅰ　農村研究から都市研究へ

１９５０年頃までの日本人は、生まれた地域で過ごし、生まれた地域で死んでいくのが当たり前だった。たとえば、長男は家業を親の代から継承し、生まれ育った地域で人生を終える。次男や三男坊は親と同じ地域か、もしくは隣の地域で別に住居を構えて親と同じ家業を行う。女性も同じく、親と同じ地域か、もしくは隣の地域で結婚して家庭をつくる。

国立社会保障・人口問題研究所の統計データ〔２０２１年〕にある通り、日本の人口分布が変わり始めたのは１９５５年頃からである（図表７）。第一次ベビーブームによる団塊の世代が、高度経済成長に伴い労働力として地方から太平洋ベルト工業地帯に移住していった。都市的産業である第二次産業や第三次産業での就業がその目的だった。団塊の世代は、団塊ジュニアと呼ばれる世代も含めてその人口が多く、日本の社会構造に大きな影響を与えてきた。都市移住や核家族化を進め、高度経済成長やバブル景気をつくっている。

団塊の世代の若者が地方から都市に移住していく中で、これまで自分が生まれ育った地域では当たり前だった伝統や規範が、他の地域ではずいぶん違う現実に直面し、多くの若者が

図表７　都市圏と地方圏の人口流動

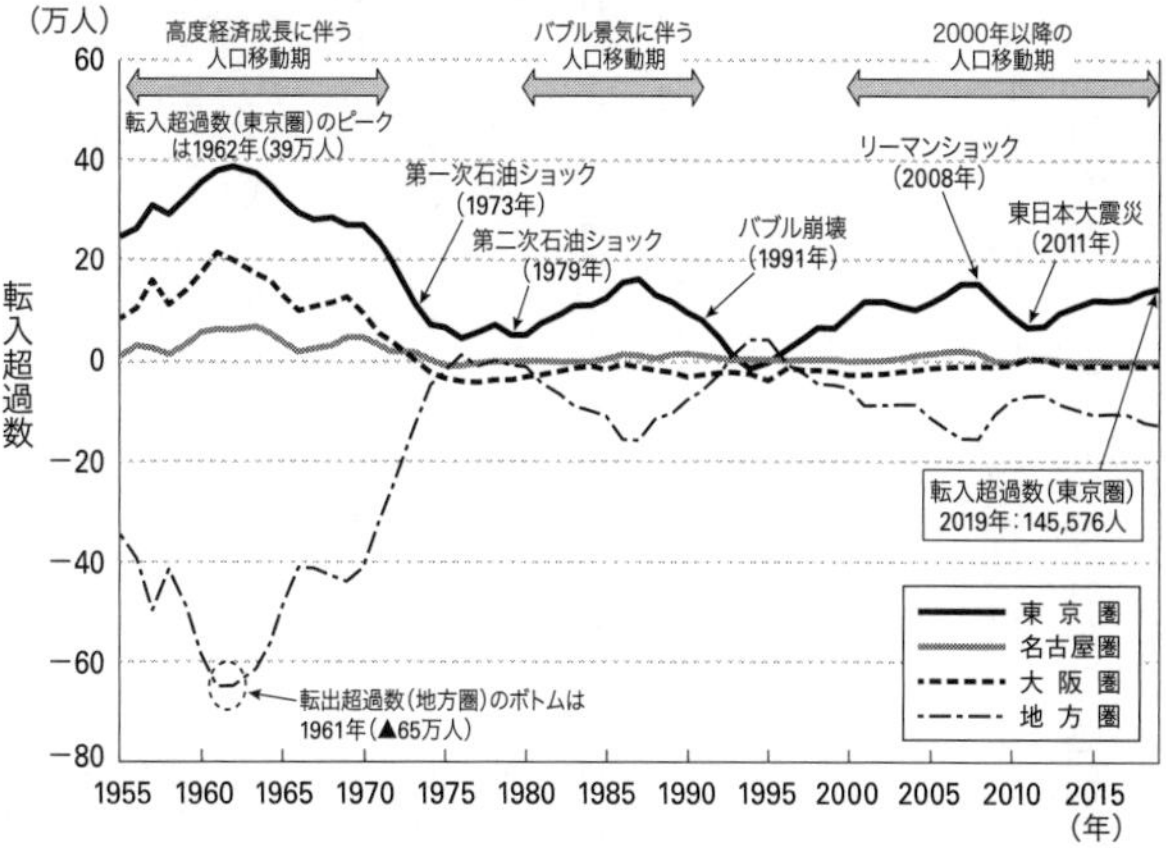

出所）総務省「住民基本台帳人口移動報告」を基にした国土交通省国土政策局作成のグラフ

カルチャーショックを受けている。このように孤立した若者たちの不安を創価学会などの宗教団体が下支えしていた側面もあった。

この時期、文学の世界でも都市で暮らす地方出身者を扱った作品が多くつくられている。劇作家であり直木賞作家のつかこうへいはその代表的な存在だろう。初期の代表作である『熱海殺人事件〔１９８５年〕』では、田舎者と呼ばれる者が持つ思考のあり様を巧みに描いている。そうした時代背景の中で、社会学者たちの研究対象は農村から都市に移っていったと推察できる。

その後、１９８０年代になると、若者世代は、第二次ベビーブームによる新人類と呼ばれる世代に移り変わった。これにより、地方出身の両親に育てられた都市生まれの若者の割合が増えた。この世代は、ドラゴンクエストのレベル上げに興《きょう》じるようなファミコン世代であり、団塊の世代とは異なる行動様式を持つとされていた。これを裏付ける違和感として、先ほど紹介した、つかこうへいが挙げられる。この世代の若者たちにとって、つかこうへいはあくまでも古典だった。田舎者の心情に理解は示せても、他者の価値を下げて自分の価値を相対的に上げるといったデリカシーのなさや、見栄を張るといった行動様式に共感できなかった。

その後、２０１０年代になると、若者世代は、ゆとり教育を受けた世代に移り変わった。これにより、都市出身の両親に育てられた都市生まれの若者の割合が増えた。そのほとんどは田舎との縁がなくなっており、都市の行動様式にどっぷりつかっている。そのような世代が増える中で、あえて都市の行動様式が通用しないような地方、とくに過疎地域に住み込んで研究を行う社会学者はいなくなった。文化人類学においても研究対象はもっぱら海外である。

そうした状況の中で、過疎地域対策は中央政府の重要なテーマとなっており、都市で暮らしている研究者が、都市の視点から過疎地域を論じる研究が増えていった。それらの研究は、過疎地域と都市の差異について的確にまとめられており、とても参考になる。たとえば、社会学者の森岡清志〔2018年〕は村落と都市の違いを次のように述べている。

「第一に、村落の親族関係は同族を含む。都市のそれは同族を含まず、親類・親戚と呼ばれるつながりのみである。第二に、村落の親族関係は『家』中心的関係であり、『家』相互のつながりとして展開する。都市のそれは、個人中心的であり、同じ家族の成員でも認知する親族ネットワークには違いが生ずる。第三に、それゆえに村落の親族関係は規範的になるが、都市のそれは選択的である。村落では親族として重視すべき家、つきあうべき家が存在するのに対して、都市では親しい親族とのつきあいを個人が選択するようになる。第四に、村落の親族関係は『家』と同族の影響を受けて、父方・夫方に傾斜しがちであるが、都市のそれは妻方傾斜を示すことが多い。第五に、村落の親族関係は同一村落や近隣の村に多くの親族を有するが、都市のそれは同一の地域社会に少なく居住地の拡散が見られる。第六に、村落の親族関係は親族量が多く認知の範囲も広いが、都市のそれは相対的に親族量が少なく認知の範囲も縮小する傾向を示す」（『都市と地域の社会学』、放送大学教育振興会）

森岡は家の在り方に焦点を絞り、家にしばられる村落と、家にしばられない都市との差異を的確に述べている。

ただし、このような過疎地域研究は、過疎地域と都市のあいだにある差異を述べているだけで、過疎地域という地域については述べていない。

2　過疎地域研究の問題点

過疎地域で暮らしている者からすれば、このような過疎地域研究は、望遠鏡で月のクレーターを眺めているようなもので、よくいえば客観的、悪くいえば他人事《ひとごと》でしかなかった。それは後方に待機していて前線には出てこない指揮官のようなものであり、現場にはおらず、いつも外にいる部外者だった。そして、そのような社会学者や経済学者が発言力を持ち、マクロ社会学やマクロ経済学の観点から箱モノをつくってきた。

過疎地域の者からすれば、それはどこか遠い雲の上で議論がされていることだった。雲の上でいくつかの問題点が指摘されて、それらしい名目の補助金が用意されて、あちらこちらに箱モノがつくられる。

たとえば、日本庭園や自然公園などの行楽施設、野外プールやテニス場などのスポーツ施設、遊具場やミニゴルフ場などの娯楽施設、博物館や美術館などの文化施設である。

こうした箱モノは建設行為そのものが目的となるあまり、完成後の施設運営や施設効果の見積りが甘くなる傾向があった。過疎地域にお金が落ちるというのが箱モノをつくる根拠だったが、それは一部の補助金事業者が儲かるだけの話だった。

地方自治体は、地域住民の需要にあまるそれらの施設を有効活用するための手段として、スポーツ合宿などの誘致を積極的に行っていることは第一部でも触れたが、近隣の地方自治体も同じような施設をつくっているため、お互いに誘致合戦となり、つぶし合っている状態であることをここでも繰り返そう。結局のところ、それらの箱モノは有効活用されることなく老朽化し、地方自治体の大きな負担になっている。

現在では、そのような反省を活かして「地域おこし協力隊」などの人材活用にシフトしているが、正直なところ上手くいっているとは言い難い状況である。つまり、過去から現在に至るまで、中央政府が行ってきた地域活性化策は、どれも上手くいっていないのが現実だ。

どうしてそうなるのか。やはり過疎地域に住み込み、過疎地域の人びとと仕事をしてみないと得られない気付きがあるのではないだろうか。過疎地域の人びとと同じ空気感の中で、過疎地域の人びとと同じ肌感覚を持つことで、見える景色が違ってくるのではないだろうか。

図表 8　過疎地域を中心に置いた過疎地域研究

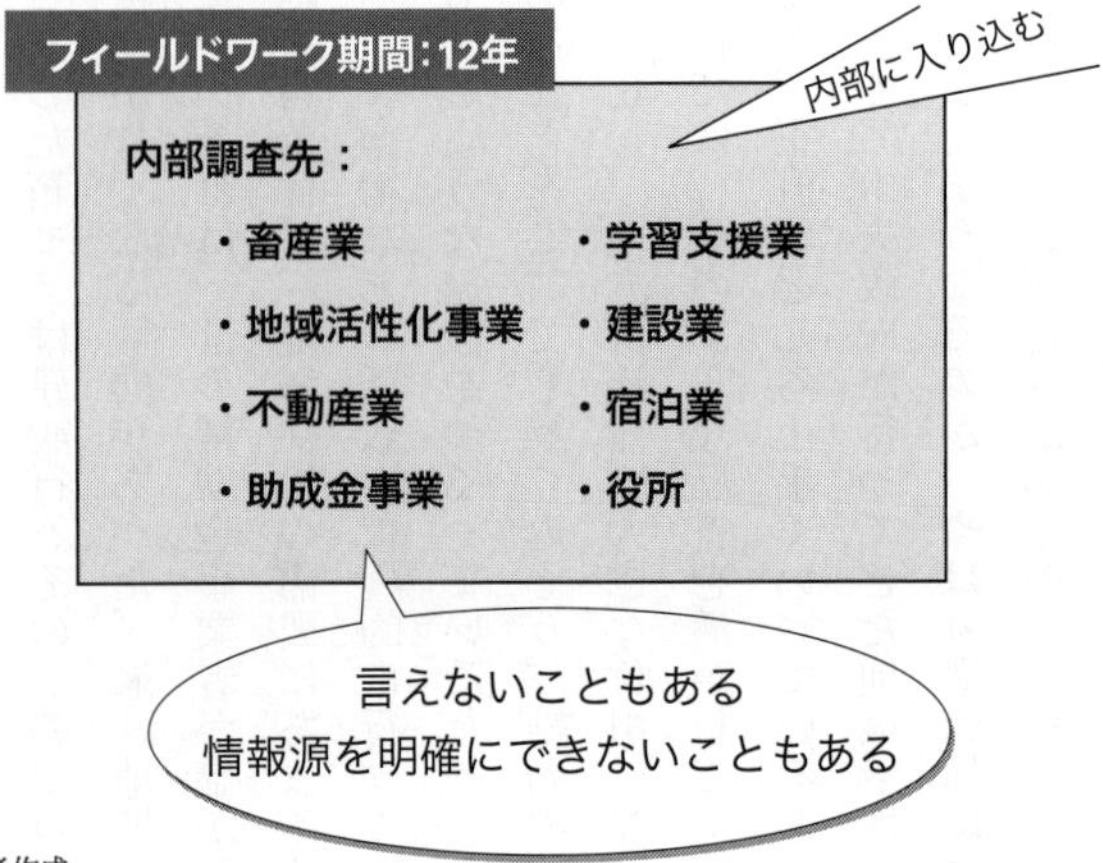

筆者作成

「社会とはこういうものだ」「仕事とはこういうものだ」「大人とはこういうものだ」といった窮屈さの中に、たくさんの真実が隠れているのではないだろうか。

とはいえ、研究者は大学や研究機関を辞めると収入が激減する。日本社会の現状を考えた場合、どうしても越えられない壁があるのは仕方がない。

そこで、過疎地域に住み込んでいる私が、過疎地域の人びとと仕事をし、そこで生活の糧を得ながら、過疎地域の人びとが持つ保守性と閉鎖性について研究を行った。

第二章　過疎地域とは何か

第二章では、これまで中央政府が行ってきた過疎地域対策を検証し、都市を中心に置いた過疎地域研究の問題点を明らかにする。そのうえで、都市に近い過疎地域と、都市から遠く離れた過疎地域との差別化を図る。

過疎地域対策の背景

1　過疎地域対策法

先にも述べた通り、１９５５年頃から高度経済成長の過程で、若者を中心とした大きな人口移動が起こった。都市においては人口集中による過密問題が発生し、農村や山村、漁村などにおいては人口減少による過疎問題が発生した。急激な住民の減少により地域社会の維持が困難になったのである。農業経済学者の安達生恒《いくつね》〔１９７３年〕は、当時の過疎地域の現状について次のように述べている。

「道路が悪くなると、商店の車が入ってこない。主婦たちは六キロの道を歩いて、村の中心部にある商店に買物にでなければならない。不便だから、自然買物に出なくなる。そこで毎日の食事がお粗末になる。毎月一回の割合で回ってくる農協の購買車で、味噌、醤油、油、酒などを買いだめし、時々不定期にやってくるかつぎ屋から鮮度の落ちた魚を高い値段で買うというような日常生活は、どうみてもたえられるものではない。（中略）マスコミが過疎地の生活や人間の問題を提示しても、〝そういうところに住んでいるから浮かばれないのであって、都市に出てくればはるかに幸福になれる、高度成長社会とはそういうものだ。〟、という擬人論的解答で押し切ろうとしていたのである」
（『〝むら〟と人間の崩壊』、三一書房）

こうした背景があり、１９６８年に国民経済審議会が過疎地域対策の必要性を主張し、これを受けて１９７０年に過疎地域対策緊急措置法が制定された。その後も法律の名称を変えながら、過疎地域対策法は現在も継続している。

１９７０年（公布・施行）過疎地域対策緊急措置法
目的：人口の過度の減少防止・地域社会の基盤を強化・住民福祉の向上・地域格差の是正
１９８０年（公布・施行）過疎地域振興特別措置法
目的：過疎地域の振興・住民福祉の向上・雇用の増大・地域格差の是正
１９９０年（公布・施行）過疎地域活性化特別措置法
目的：過疎地域の活性化・住民福祉の向上・雇用の増大・地域格差の是正
２０００年（公布・施行）過疎地域自立促進特別措置法
目的：過疎地域の自立促進・住民福祉の向上・雇用の増大・地域格差の是正・美しく風格ある国土の形成
２０１０年（６年延長）過疎地域自立促進特別措置法
２０１６年（５年延長）過疎地域自立促進特別措置法
２０２１年（公布・施行）過疎地域の持続的発展の支援に関する特別措置法
目的：次項にて記述

過疎地域対策法の名称から分かる通り、「緊急」―→「振興」―→「活性化」―→「自立促進」―→「持続的発展」の流れで、その目的は変化している。

マスメディアによれば、「２０２１年度も過疎地域自立促進特別措置法が延長される見通し」との報道だったが、二度の延長でさすがに停滞感があったのか、新法としてその名称を改めている。その中身は自立促進の文言を持続的発展に置き換えたものであり、旧法とほとんど同じである。過疎地域の定義・要件・区分は、それぞれ次の通り。

○過疎地域の定義（過疎地域の持続的発展の支援に関する特別措置法）

人口の著しい減少等に伴って地域社会における活力が低下し、生産機能及び生活環境の整備等が他の地域に比較して低位にある地域。

○過疎地域の要件（過疎地域の持続的発展の支援に関する特別措置法）

①　人口減少率―→人口減少の著しい地域。

②　高齢者率・若年者率―→高齢者が多く若年者が少ない。少子高齢化地域。

③　財政要件（財政力指数）―→自治体の財政力が弱い地域。

（＊細かい要件は割愛）

○過疎地域の区分（過疎地域の持続的発展の支援に関する特別措置法）

①過疎市町村（全部過疎）⟶要件にすべて当てはまる。

②過疎地域とみなされる市町村（みなし過疎）⟶ほぼ当てはまる。

③過疎地域とみなされる区域のある市町村（一部過疎）⟶一部の区域が当てはまる。

④過疎地域ではなくなった市町村（特定市町村）⟶新法の要件緩和などで対象外となった地域。経過観察対象地域。

（＊細かい区分は割愛）

2　過疎地域の保全推進

新法の目的は、「地域の持続的発展を支援し、もって人材の確保及び育成、雇用機会の拡充、住民福祉の向上、地域格差の是正並びに美しく風格ある国土の形成に寄与することを目的とする。」である。この中で「美しく風格ある国土の形成」は、過疎地域自立促進特別措置法から新たに加わった理念である。

その背景として、限界集落という言葉をつくった社会学者の大野晃《あきら》〔２００８年〕の存在が大きいのではないだろうか。大野は、過疎化が進行することで私たちが被るものとして、「伝統芸能・文化の衰退」「山村の原風景の喪失」「自然環境の貧困化」の三つを挙げている。

また、総務省は毎年数回、有識者を集めて過疎問題懇談会を行っている。その中で座長の宮口侗廸《としみち》〔２０２０年〕は、「過疎地域は、多様な風土ゆえに育まれてきた個性ある文化、美しい自然環境、減災機能など、住民生活の営みに加えた多面的機能を有しており、これを保全していくことが必要である（『新たな過疎対策の理念について』）」と述べており、過疎地域の保全推進を優先課題としている。

しかし、過疎地域の保全推進は本当に必要なのだろうか。過疎地域の保全推進といった理念は、都心で暮らしている者たちの勝手な思い込みであり、情緒的な自己満足ではないだろうか。むしろ人が住まない土地を増やして、自然を動植物に返してあげたらどうだろう。自然を扱う一部の研究者が過疎地域で暮らし、その他の人間は都市にまとまって暮らすべきであり、それこそが現代人のやるべき自然への配慮ではないだろうか。

総務省統計局のデータ〔２０２１年〕を基にした試算では、過疎地域の人口割合は８・６％で（図表９）、その面積割合は60・１％である（図表10）。つまり、８・６％の過疎地域の人

図表9　人口割合

	(千人)	(%)
全国の市町村	126,167	100.0
過疎市町村	10,878	8.6
非過疎市町村	115,289	91.4

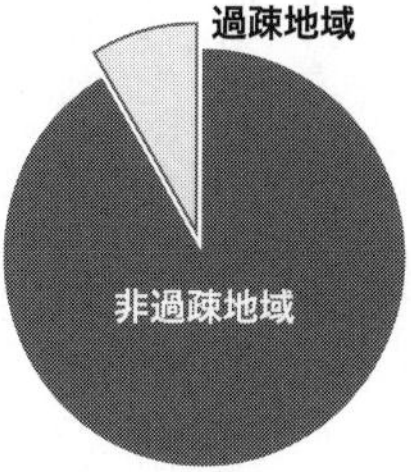

図表10　面積割合

	(km^2)	(%)
全国の市町村	377,979	100.0
過疎市町村	227,026	60.1
非過疎市町村	150,953	39.9

図表11　市町村数割合

		(%)
全国の市町村	1,718	100.0
過疎市町村	820	47.7
非過疎市町村	898	52.3

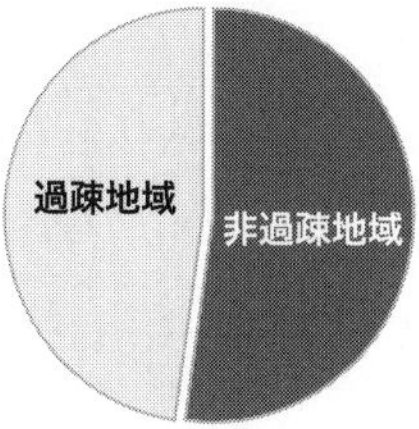

出所）平成29年総務省統計局統計データ及び令和２年国勢調査のデータを基に筆者作成（なお、過疎市町村数は『過疎地域市町村』『過疎地域とみなされる市町村』『過疎地域とみなされる区域のある市町村』の合計。人口と面積は非過疎地域を含まないよう、『過疎地域とみなされる区域』のみで集計）

びとが、国土の60・１％に散らばって生活していることになる。

また、過疎市町村数の割合は47・７％で（図表11、前ページ）、全市町村のほぼ半分を占めている。いかに人間が日本列島に分散して生活をしているか分かるだろう。日本列島の津々浦々にまで人間を住まわせる必要が本当にあるのか。

都市を中心に置いた過疎地域研究

Ⅰ　過疎地域研究への違和感

過疎地域を扱う研究者のほとんどは、都市にある大学などの研究機関に所属し、統計データに基づいて過疎地域を分析している。普段から利便性の高い都市で暮らし、都市の行動様式を持つ者と触れ合っている。過疎地域の行動様式を持つ者との触れ合いは、公務員や既得権益を持つ地元企業に限定されており、一般の人びとが持つ、いやらしさや泥臭さといった情動に触れることなく過疎地域を研究している。こうした過疎地域研究の積み重ねが、ある種の違和感を生み出す。

たとえば、京都大学名誉教授であり、社会心理学者である杉万《すぎまん》俊《とし》夫《お》〔１９９７年〕は、現在の過疎地域問題について次のように述べている。

「現在の過疎問題は、『豊かさの中の過疎問題』なのであり、１９６０年代の『貧しさの中の過疎問題』とは性質を異にする。確かに、今後も、過疎地域の人口は減少し続けるかもしれない。しかし、１９６０年代に見られたような、最低限の生活基盤すら崩壊するといった悲惨な様相は呈さない。都会の行き過ぎとも言える利便性には及ばないにしても、都会よりもゆったりとした住居に住み、都会とほとんど変わらない電化製品を持ち、必要に応じて、自動車で最寄りの地方都市までショッピングやレジャーに出かけることもできる。このように、過疎地域に残る住民のほとんどにとって、自らの日常生活に関する限り、生計は成り立ち、一応の経済的ゆとりも保証されている。そのような中で、住民たちは、一抹の寂しさと漠然とした不安を感じつつも、日常的には、さほどの衝撃を感じることなく、過疎化が進行していくのである」（『過疎地域の活性化―グループ・ダイナミックスと土木計画学の出会い』）

杉万はここで、１９６０年代を「貧しさの中の過疎問題」とし、１９７０年代後半以降を

「豊かさの中の過疎問題」といった言葉で表している。こうした言葉は、過疎地域で暮らしている者からすれば違和感があった。

たしかに「豊かさの中の過疎」を謳歌している者もいるが、それは一部の公務員や補助金事業者のみである。それ以外の者は現在も「貧しさの中の過疎」に存在していた。たとえば、私が暮らしている過疎地域の平均年収と、その他の地域の平均年収は次の通りである。

○平均年収

鹿児島県曽於市	２３２万円
曽於市役所職員	５３５万円
東京都平均	６２２万円
全国平均	４４１万円

（総務省統計局２０１９年度～２０２０年度・国税庁統計調査２０２０年度・曽於市役所２０１９年などのデータを基に筆者作成）

第一部の「阿久根市の失敗」でも述べたが、過疎地域は一部の高所得者層が市民の平均年

図表12　志布志市　生活保護状況（2020年）

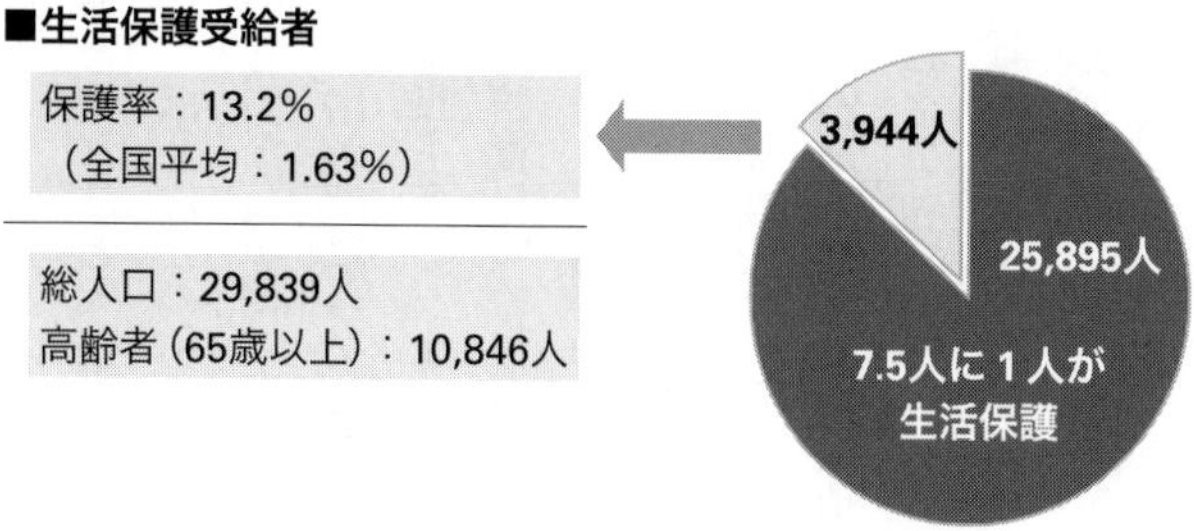

出所）鹿児島県企画部統計課『人口動態統計調査』及び志布志市役所での聞き取り調査などを基に筆者作成（調査月の相違により若干の誤差あり）

収を押し上げている。それ以外の市民は低賃金の長時間労働が一般的であり、フルタイムで働いても年収二百万にも満たないのが現実である。そのため、公務員という職業は憧れの的であり、鹿児島県の学生に将来なりたい職業を尋ねると、とりあえず「公務員」と答えるのが定番になっている。

また、過疎地域では生活保護の比率も高かった。たとえば、鹿児島県志布志市では、人口２万９８３９人に対して、生活保護者は３９４４人であり、その保護率は13・２％である（図表12）。ほぼ、７・５人に１人が生活保護を受給していた。

２０２１年度の日本全体の生活保護者は２０４万人程であり、その保護率は１・６３％である。過疎地域では桁が違うのが分かるだろう。

生活保護者が集まっている地域として、大阪府の西成区がよく話題になるが、その保護率は23%程である。10%程度の開きはあるものの、過疎地域とそれほど大差がないのが分かるだろう。

　また、ほとんどの小学校は複式学級であり、その小学校や中学校、高校も次々に統廃合されている。たしかに、過疎地域の道路は整備されているが、公共バスは一日に数本しかなく、ひとたび出かけたら戻れなくなる。近所にコンビニやスーパーがないため、食料品を買いだめする地域もある。よって車両の維持が必須であり、車両購入費はもちろん、自動車税や車検代、自賠責保険や任意保険などの費用が生活を圧迫している。

　また、競争原理が働いていないため、物品の購入価格は総じて高くなる。電気やガスなどの光熱費も都心と比べて20%程高い。また、過疎地域の自営業者を調査したところ、半数以上の割合で非課税世帯だった。まともな商売ができていないのが分かるだろう。

　これらが示す通り、過疎地域で暮らしている者からすれば、「豊かさの中の過疎問題」という言葉に違和感を持つのは当然ではないだろうか。つまり、「豊かさの中の過疎問題」という言葉は、都市を中心に置いて過疎地域を研究しているために起こる誤った認識ではないだろうか。

2　現象対策か地域対策か

また、杉万は同じ論文のなかで、あえて〝田舎のいやらしさ〟について言及し、次のように述べている。

「豊かさの中にあって、なぜ、若者はふるさとを捨てるのだろうか。その大きな原因の一つは、多くの過疎地域に、今なお根強く残る地域の保守性と閉鎖性である。都会の人間には、のどかに映る田園風景の裏側に、都会の人間には想像できないような保守性と閉鎖性が残っている。この『田舎のいやらしさ』は、多くの若者にふるさとを捨てさせ、また、多くの地域住民に『長い物には巻かれろ』の処世術を身につけさせる。それは、『現状』の相対化と、新たなる選択肢を選び取ろうとする少数の人間に、大きな壁として立ちはだかる」（『過疎地域の活性化―グループ・ダイナミックスと土木計画学の出会い』）

ここで杉万は、根拠や事例を示すことなく、過疎地域には〝田舎のいやらしさ〟が存在すると述べているわけだが、この指摘については私も同意である。とくに、「保守性と閉鎖性」「長い物には巻かれろ」といったフレーズは、過疎地域の行動様式を的確に捉えていた。

この、田舎のいやらしさについては、過疎地域出身者からもたびたび指摘されていて、過疎地域の大きな特徴として位置付けられている。都市で暮らす地方出身者を扱った文学作品がたくさんあるように、都市にも田舎のいやらしさを知る者が一定数いるため、都市を中心に置いた過疎地域研究の中で、そうした、田舎のいやらしさを指摘する声は昔からたくさんあった。

ただし、過疎地域の人びとを対象にした研究は限定されており、日常生活の中で、どのように田舎のいやらしさが伝えられるのか、といった研究がほとんどなかった。つまり、その根拠や事例が見当たらないのである。

過疎地域を巡る研究のほとんどは、中央政府が進めている地方創生やＵターン政策といった移住に終始している。そのうえで、「地方の人びとに自主性を促し、活性化させるのが正しい道である」といった結論になっていた。その中で、風前の灯火のような過疎地域の存在を認め、その消滅を想定しているが、深く触れずに置いておくといった手法が取られていた。つまり、ローカルとしての地方都市をいかにして活性化させるかという研究がほとんどであり、それらはマクロな視点で都市と田舎を捉えており、ミクロな視点で過疎地域を捉えていないのである。

たとえば、私は本稿において「過疎地域対策」といった言葉を使っているが、中央政府や社会学者は、「過疎対策」といった言葉を使っている。総務省がつくる資料は「過疎対策の概要」「過疎対策の現状」「過疎対策の課題」「過疎対策の理念」であり、地域の言葉が抜けていた。つまり、中央政府や社会学者は、過疎という〝現象〟についての対策は講じているものの、過疎地域という〝地域〟についての対策は講じていないのである。こうした言葉の違いは、本書を執筆していく中で気が付いた事柄であり、一つの大きな知見でもあった。

都市から遠く離れた過疎地域

都心で暮らしている者たちは、ついつい都市と田舎の二つに分けて物事を捉えがちである。しかし都市と田舎の二つで分類されてしまうと、都市から遠く離れた過疎地域で暮らしている者として違和感があった。同じ田舎でも埼玉県や千葉県の田舎と、鹿児島県の田舎では事情がまったく違う。

同じ過疎地域でも埼玉県や千葉県の過疎地域は魅力的である。インターネットが発達した今の時代、過疎地域で暮らしていても必要な情報は取得できる。特殊な商品であってもＡｍ ａｚｏｎで購入できる。何より、人ごみで心が疲れることがなくなる。おいしい空気を吸い、ミネラル豊富な水を飲みながら陽の光をたくさん浴びて、夜には満天の星を眺める。普段はそのような自然に囲まれた過疎地域で暮らし、時々都市で暮らす知人と連絡を取りながら、たまには都市に行ってみる。都市にはたくさんのサブカルチャーがあり、偶発的で予期しない出来事に出会う。それを一瞥して立ち去るのもよいし、飛び入りで参加してみるのも面白いだろう。たくさんの刺激を都市でもらったら過疎地域に戻る。そのような過疎地域での豊かな生活もあるだろう。こうしたイメージ戦略は田舎の魅力を伝える手法としてよく使われている。

ただし、都心から遠く離れた過疎地域にあるのは、はるか遠くにある都心との距離感だった。駅もなく、ろくな公共交通もない過疎地域では、実際の距離よりも数十倍もの感覚的な距離があった。ほんの一路線分を移動すれば済んでしまう都心の距離感とは違った。都心から遠く離れた過疎地域では、外の世界がとてつもなく遠くに存在している。

そうした距離感は都心から遠く離れた過疎地域で暮らし、そこで生活の糧を得ていく中で分かった。そこで暮らし、そこで生活の糧を得てみないと分からなかった。ここに、都市を中心に置いた過疎地域研究の限界があるのではないだろうか。

たとえば、これまでの過疎地域対策は建物や特産品といったモノに対して行うのが一般的だった。都市にあるモノが、過疎地域にはないという差異に基づいて、その差異を埋めるための対策である。前述した農業経済学者の安達生恒〔1973年〕は、こうした過疎地域対策について次のように述べている。

「国や地方自治体のおこなっている過疎対策を調べてみると、道路交通手段の整備、山村開発センターの建設、集落移転、国民休暇村、レジャー基地の建設などが中心になっている。それらの事業が過疎地の住民生活の改善に役立っていることを否定する気持ちは少しもないのだが、しかしそれらの対策というものはいずれも『あと始末的対策』の域を出ないのであって、そういう意味では過疎をなくすための本格的な対策は、なに一つ講じられていないのが現状だと思う」（『〝むら〟と人間の崩壊』、三一書房）

安達の指摘は現在も続いており、中央政府の過疎地域対策は成果が上がらず、若者の流出は現在も続いている。差異を埋めるための資金に依存することで、自助努力ができない過疎地域を数多く生み出している。このような過疎地域対策について、よくある一般的な批判と

図表13　過疎地域が持つ保守性と閉鎖性

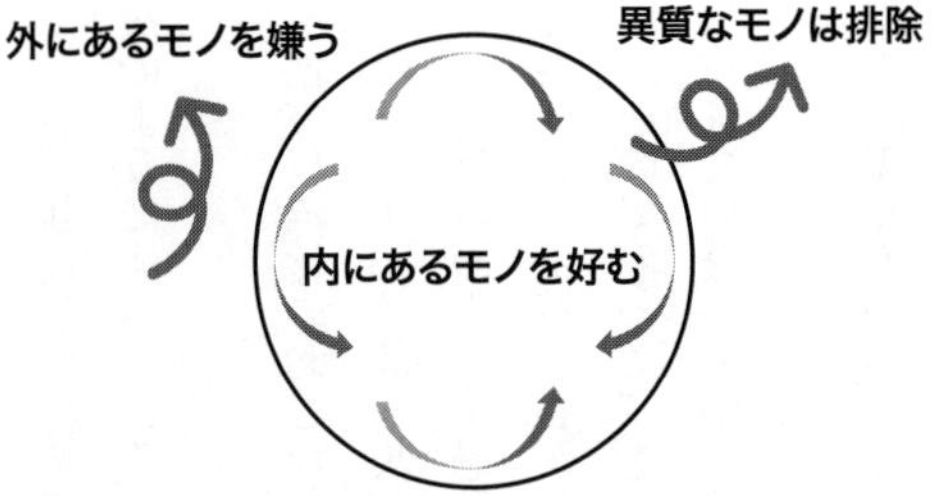

筆者作成

して次のような主張がある。

①箱やモノに価値を見出《みいだ》すのを止めて、人材に価値を見出すべきだ。

②今あるモノに価値を見出すのを止めて、新たなモノに価値を見出すべきだ。

　こうした主張は正論だが、正論というのは得てして間違っている。この場合は社会学や経済学の視点に偏りすぎていて、過疎地域の人びとが持つ文化的な視点が抜けている。

　過疎地域にも優秀な人材はいるし、新たなモノをつくりあげる者もいる。しかし、そうした者を活用しないという過疎地域が持つ保守性や閉鎖性がこれを邪魔していた。なぜなら、過疎地域の人びとは慣れ親しんでいる現在の環境を変えたくないからである。外にあるモノと、内にあるモノを明確に分けており、外にある新たなモノを忌み嫌うのである。過疎地域が持つ保守性と閉鎖性について、私たちはもっと考慮し、尊重する必要があるのではないだろうか。

過疎地域対策を批判する場合、その矛先は中央政府になりがちである。過疎地域の人びとへの批判は配慮といった面でおのずと抑制的になる。過疎地域の人びとが持つ保守性や閉鎖性について、何となく分かっていながらも、それには目をつぶって触れないようにしている。そのような都市を中心に置いた過疎地域研究の積み重ねが現実とのズレを生み出してきたのではないだろうか。

第三章　地域活性化の事例調査

第三章では、地域活性化についての矛盾を指摘し、どうしてそのような矛盾が起こるのかについて考察していく。そのうえで、地域おこし協力隊やリノベーション、地域住民が行う自治改革について事例調査し、地域にどのような効果をもたらし、どのような成果を上げているのか分析を行う。

地域活性化の矛盾

1　コンパクトシティ

現在、高度経済成長期のような大規模な人口移動はなくなったが、東京一極集中は続いている。これについて、国土交通省の国土整備計画〔２０１４年〕では次のように述べられている。

「人口減少下において、行政や医療・福祉、商業等、生活に必要な各種のサービスを維持し、効率的に提供していくためには、各種機能を一定のエリアに集約化（コンパクト化）することが不可欠であり、これにより各種サービスの効率性を確保することができる。しかし、コンパクト化だけでは、人口減少に起因する圏域・マーケットの縮小への対応が不十分となり、より高次の都市機能によるサービスが成立するために必要な人口規模を確保できなくなるおそれがある。このため、各地域をネットワーク化することにより、各種の都市機能に応じた圏域人口を確保していくことが必要である」（『国土のグランドデザイン２０５０』）

このコンパクトシティ構想〔２０１５年〕は、都市政策や都市計画のメインテーマとなっており、国土交通省はコンパクトシティ形成支援チームを設置し、その取り組みを進めている。コンパクトシティとは、１９９０年代からヨーロッパで提言された都市の在り方である。無秩序に広がった小さな生活圏を集約し、商業施設や行政サービスなどの機能を集約させる。それにより生活の利便性が向上し、行政の負担も軽くなる。地域分散型の都市構造を持つドイツの事例が紹介されることが多く、望ましい都市の姿としてマスメディアなどでも好意的に報道されている。

また、中央政府が策定した『まち・ひと・しごと創生長期ビジョン〔２０１９年〕』では、地方の出生率に比べて、都心の出生率が低くなるデータを示し、東京一極集中が少子化問題の原因であると明確に述べている。

たとえば、２０１９年度の都道府県別の合計特殊出生率では、最も高い沖縄県の１・８２と、最も低い東京都の１・１５では０・６７の差がある。また、過疎地域の岡山県奈《な》義《ぎ》町《ちょう》

図表14　人口の流れ

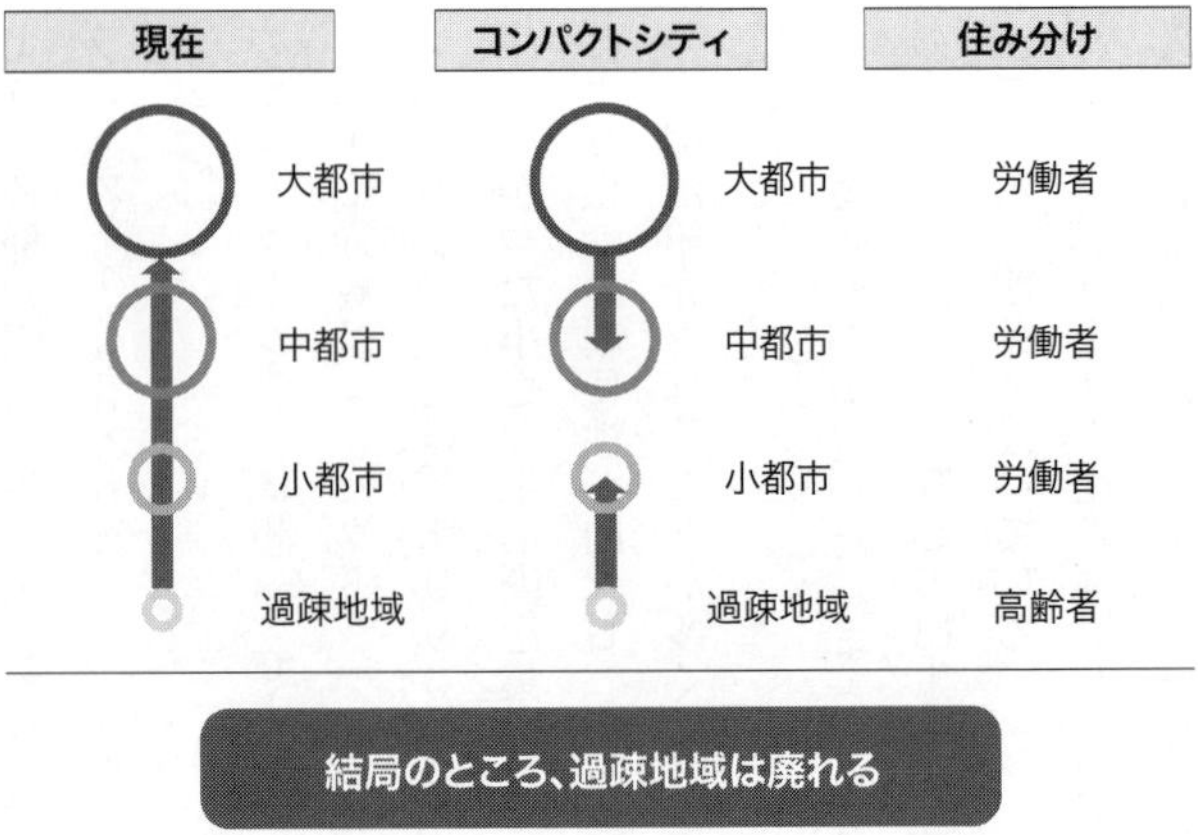

筆者作成

では、２０１４年度の出生率において、２・８１という町独自の試算を公表している。

私のまわりでも過疎地域の知人と、都心の知人では子どもの数が明らかに違った。都心の知人は未婚者が多く、たとえ結婚していても子どもが一人か二人というのが一般的だが、過疎地域の知人は二十歳前後で結婚し、三人以上の子どもをつくるのが一般的である。

つまり、若者が都心に移り住むことで、日本全体の少子化が進んだ側面がある。そうした東京一極集中の是正と、地方都市の発展を促す手段としてコンパクトシティ構想が叫ばれるようになった。このコンパクトシティ構想について、私は大いに賛成である。

図表14にあるように、コンパクトシティ構

想とは、中都市や小都市に人を集めるのがその目的である。東京一極集中の是正と地方都市の発展に焦点が置かれているため、過疎地域はこれまでと同じように人口が減っていく。これについて京都大学こころの未来研究センター教授の廣井良典《よしのり》〔２０１５年〕は次のように述べている。

「今後、『多極化』という方向が重要であることは確かだが、しかし人口減少時代においては単純に分散ないし拡散するだけではかえって街や集落が空洞化し、コミュニティの基盤も失われていく。したがってむしろ『多極化しつつ集中する』ような地域の姿が重要であり、それぞれの地域ごとの『極』となる都市や町村ないし集落そのものは、集約的で自立循環的なコミュニティ空間になっていく必要がある」（『人口減少時代の社会構想――地域からの離陸と着陸――』）

集約的で自立循環的なコミュニティ空間というのが、どの程度の規模を指すのか分からないが、結局のところ過疎地域は廃れるのであり、いずれ消滅する、ということである。

たとえば、私が暮らしている過疎地域では、就職先の選択肢が乏しい、知人のいない地域で働きたい、などの理由で近隣の市や県に移住する者がたくさんいる。このように、現在、日本各地に過疎地域があるのは、労働者と高齢者の住み分けの結果である。人びとが時代の流れに適応した結果として、日本各地に過疎地域ができている。その結果を中央政府の財政支援で覆そうとしているのが過疎地域の活性化である。時代の流れに逆らっているのだから、過疎地域の活性化が上手くいかないのは当たり前である。それは労力の無駄であり、税金の無駄ではないだろうか。

2　地方交付税

過疎地域の地方自治体は、地方税などの独自の歳入だけでは自治体を維持できないため、中央政府から地方交付税の名目で補填を受けている。地方交付税とは、どの地域に住む国民にも一定の行政サービスを提供できるよう、中央政府から地方自治体に交付される資金である。

中央政府は毎年、地方自治体の維持に必要な金額をあらかじめ算出している。これを基準財政需要額と呼ぶ。同時に地方自治体の地方税などの収入金額もあらかじめ算出している。これを基準財政収入額と呼ぶ。この基準財政需要額から基準財政収入額を差し引いた金額を、中央政府が補填することで地方自治体を下支えする仕組みである。

図表15　2019年度曽於市地方交付税

	（千円）
基準財政需要額	11,343,174
基準財政収入額	3,561,809
地方（普通）交付税額	7,781,365

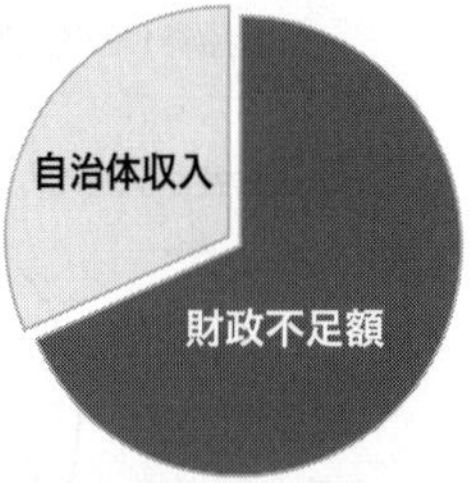

地方（普通）交付税額＝基準財政需要額－基準財政収入額

出所）曽於市役所、2020年『曽於市財政計画』のデータを基に筆者作成

たとえば、私が暮らしている過疎地域の基準財政需要額は１１３億円程であり、基準財政収入額は35億円程である。その差額である78億円程を中央政府が補填している（図表15）。

また、過疎地域の地方自治体には国庫支出金や県支出金といった、地方交付税とは別の資金も支払われている。たとえば、私が暮らしている過疎地域は、国庫支出金30億円程と県支出金20億円程があり、地方交付税と一般会計加算の10億円を合わせて、１３８億円の税金が投入されている。

さらに、こうした維持費とは別に、持続的発展支援交付金や地方創生推進交付金などの地域活性化に伴う補助金が発生している。それらの税金は、地方を担当している国家公務員や地方公務員、そして地域に地盤を持つ補助金事業者の収入になる。

図表16　よくある地域活性化の手法（地域共通券）

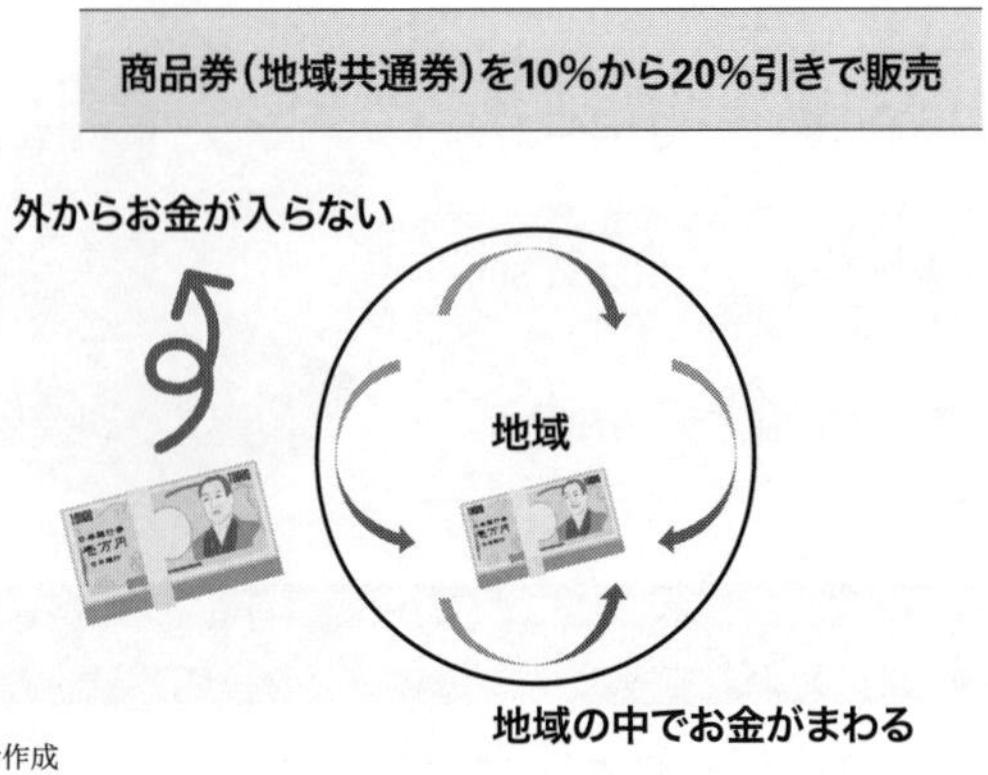

筆者作成

ここに大きな利権構造や既得権益があるのが分かるだろう。

つまり、公務員や補助金事業者の収入は中央政府が保障しており、過疎化がいくら進んだとしても構わないのである。現状維持がベストであり、おのずと「余計なことをしてくれるな」といった発想になる。このように中央政府が税金をばら撒くことで、それに依存し、自助努力ができない過疎地域が増えていった。

たとえば、過疎地域では商品券を活用した地域活性化策をよくやっている（図表16）。地域のみで使用できる商品券（地域共通券）を10%から20%引きで販売して消費を促すものである。ただし、それは過疎地域の中で動くお金であって、外からお金が入るわけではなかった。

この地域活性化策は、地域活性化をやっている気分になれる点で優れていた。実際は普段の生活の延長線上であり、地域活性化にほとんど影響がないのだが、何かをやっている雰囲気が出せる。その結果として何も変わらないのだが、何も変わらないことこそが、過疎地域の人びとが求めていることだった。その意思と、その成果が見事に一致しているのである。
これについて、地域ボランティア活動をしている四十代の男性にインタビューを行った。

Q「地域共通券について、私の主張はいかがでしたか」
A「まったくその通りだと思います。ポーズみたいなものですよね」
Q「地域活性化はやっている気分になることが重要で、本当の意味での活性化は誰も望んでいないと考えているのですが、いかがですか」
A「その通りだと思いますよ。そもそも地域活性化なんて誰も興味がないですからね。私は市議会議員の選挙を手伝ったことがあるのですが、地域の人びとが議員を選ぶ基準は政策や実績ではないですからね。血縁だとか、家が近いとか、知り合いだとか、同じ集落だからといった理由です。四年に一度の選挙活動を応援して、票を入れたら終わりです。その後のことは関心がありません。こうして選ばれた議員が市議会で質問する内容は、市役所の一般窓口で聞けば分かる程度のものです。新たな問題提起として提出された議案は、すでに提案されて対策が終わっているものです。令和の時代になった今でも、携帯機器の電磁波は危険があるのではないかといった議論をしています。これで地域が活性化するわけがありません。市議会は戦略チームをつくろうとしないし、情報発信室もつくろうとしません。そうしたことは人がやってくるようになってから考えようということで、先行投資をまったくしません。何もかも事なかれ主義です。地域の人びとも、市議会議員も、地域を活性化しようとする意志がありません」

正直なところ、補助金は上手く使えば面白い試みがいくらでもできる。いろいろと試していく中で失敗を繰り返し、いくつかの成功例が生まれたらそれでよいのではないだろうか。しかし、補助金には失敗しないことが成功というジレンマがあった。いかに他の地域の真似をして、いかに無難に済ませるかが重要だった。「あれもするな」や「これもするな」といった空気感の中で、日本全国で同じような地域活性化策が行われており、お互いにつぶし合っていた。その結果としてできあがったのが、地方を担当している国家公務員や地方公務員、そして一部の補助金事業者が儲かる構造である。

つまり、過疎地域の活性化の本当の目的は、利権構造に基づく既得権益を守るためではないだろうか。誠に奇妙な話なのだが、私たちの社会には物事を停滞させることで既得権益を守る手法がある。そして、それがある一定の説得力を持っている。

地域おこし協力隊の事例調査

現在、中央政府の過疎地域対策として、地域おこし協力隊はおおむね評価されている。その概要を紹介したうえで、事例調査から得られた知見を述べる。

地域おこし協力隊とは、人口減少や高齢化の進行が著しい過疎地域において、都市に住民票がある者を受け入れる制度である。隊員の定住化が主な目的であり、その業務は農林水産業や地域交流支援、地域プロモーションや地域特産品の販売などである。2018年度は、1061の自治体がこれを採用しており、隊員数は5530人である。その期間はおおむね一年以上とされ、最長三年となる。隊員には報償費等として年間二百万円から二百五十万円が支給される。また、地方自治体には隊員一人あたり年間百五十万円から二百万円が特別交付される。さらに隊員の起業を地方自治体が支援した場合、百万円を上限として上乗せされる。地方自治体にとっては、負担なしで都市から人がやってきて働いてもらえるうえ、特別交付の恩恵も得られる。隊員の定住化に成功すれば地域活性化の成果として宣伝材料にもなる。そのため、都心の広告代理店に依頼してイメージポスターをつくってみたり、独自に報酬をアップしてみたり、起業する場合には特別な予算を組んでみたりと、あらゆる手を使って募集している。

ただし、この時点でミスマッチが起こっていた。隊員の希望職種は専門職がほとんどだが、その専門職を受け入れる分野が過疎地域にはなかった。そもそも、過疎地域出身の若者たちが過疎地域を去るのは、希望する専門職を受け入れる分野がないからである。そのため、隊員のほとんどは雑用係といった枠組みを担うことになる。スキルを持って移住してきたが、そのスキルがまったく活かされず、集落をまわるだけの作業をしている隊員や、企画をいくら提案しても却下され続けて任期が終わる隊員もいた。もちろん過疎地域の保守性と閉鎖性に馴染めず辞める隊員もいた。

隊員が「過疎地域を何とかしたい」と思えば思うほど、都市の行動様式を一方的なかたちで過疎地域に持ち込み、地域の人びとと対立して辞めていた。そのため、隊員と地方自治体のあいだで、いろいろな意味で「話が違う」といったミスマッチが起こっていた。

　そもそも、過疎地域を本当の意味で変えられるのは、その地域で暮らしてきた人びとである。よそから雑用係の隊員がやってきて、勇者のごとく変革を進めるような奇跡など起こるはずがない。また、地方自治体には隊員をサポートする役割が求められているが、そのようなスキルがないというのが実情だった。

　その一方で、都市での生活に疲れて、一時的な避難先として隊員になる者もいた。就業時間が短く、安定した収入を得られる気楽な仕事として参加していた。むしろ、そうした動機の方が過疎地域に馴染みやすいようで、私の知人は隊員として過疎地域にやってきて、地域の者と恋愛をし、結婚に至ることで定住している。ある種の出会い系組織になっている側面があるのも事実だった。それでも過疎地域に定住し、そこで結婚して子どもをつくるのだから、建物や食品ばかりつくってきたこれまでの過疎地域対策と比べれば、いくらかマシではないだろうか。

　また、任期満了後にカフェなどを経営して定住化を目指すパターンもよくあるが、その場合にも結婚して子どもをつくらないときは、定住化に至らないのが一般的だった。

リノベーションの事例調査

現在、新たな産業をつくりだすとの理由から、過疎地域対策としてリノベーションがおおむね評価されている。その概要を紹介したうえで、事例調査から得られた知見を述べる。なお、私は宅地建物取引士とマンション管理士、そして1級ＦＰ技能士の資格を持っており、いくつかのリノベーションにかかわっている。

リノベーションとは、既存の建物に大規模な工事を施すことで、その性能を向上させて価値を高める。よく似た言葉にリフォームがある。リフォームとは、老朽化した建物を新築の状態に復元する。つまり、リノベーションは価値の向上であり、リフォームは復元である。

リノベーションを使った地方活性化の事例はたくさんある。よくあるのが廃校校舎や廃屋の再生だろう。廃校校舎の場合、地方自治体は放置しておくわけにもいかず、維持管理費を払い続けている。そのような廃校校舎がリノベーションにより、簡易宿泊所やオフィスとして再生した事例がたくさんある。このようなリノベーションは一般的に都市に拠点を置く企業が中心になって行う。また、お化け屋敷のような廃屋が和洋折衷の美しいカフェに生まれ変わった事例もたくさんある。

廃校校舎や廃屋はそのまわりの不動産価値を下げる。その廃校校舎や廃屋をリノベーションすることで周辺の不動産価値が上がる。リノベーションの効果で不動産価値が上がり、家賃が二倍になった事例がたくさんある。

そのため、アメリカでは不動産オーナーが主体となり地域活性化を行う。ショッピングモールなどをつくって所有物件の資産価値を上げる。アメリカ人はとかく中央集権を嫌う傾向があり、行政が民間に介入すると規制がかかり、競争意識が損なわれると考えている。そもそも自分たちの地域は自分たちでどうにかするものであり、中央政府や地方自治体が手出しするのは自由の冒涜《ぼうとく》にあたる。

日本は違う。中央政府や地方自治体にどうにかしてもらおうとする。そして「困っているなら何とかしてやれよ」という声を受けて、行政が主体となって地域活性化を行う。そうして使われた補助金の責任は誰も取らないといった具合になっている。

結局のところ、リノベーションは、これまでの箱モノ行政とまったく同じ構造である。リノベーションというカタカナ語になっているので新しい手法のように感じるが、建設会社が利益を上げるための手段である。母校再生や古民家再生といった言葉は美しく聞こえるが、地域活性化事業として多額の補助金が投入されている。

しかも、リノベーションは新築に比べて三倍以上のコストがかかる。すでにある建物を再利用するので、費用を抑えられるように思われがちだが、建物の内部にある設備や配管は老朽化しており、使い物にならない場合がほとんどである。そのため、いったん壁を取り外し、古い配管を取り外したのち、新しい配管に交換したうえで壁を元に戻すといった手間がいる。もちろん、古い配管の処分費用もかかる。何もない所に建物をつくるのは施工手順として簡単だが、すでに何かがあるところに施工するのはものすごく手間が増える。ここでは一つの事例として配管を挙げたが、間取りを含めた構造そのものが、以前の仕様に合わせてつくられている。それを別の用途にする場合、新築に比べて三倍以上のコストがかかる。また、至る箇所が老朽化しているため、たびたびトラブルを起こし、その後のメンテナンス費用もかかる。

あえて明確に申し上げておく。リノベーションはまやかしである。これまでの箱モノ行政と同じく、建設行為そのものが目的であり、完成後の施設運営や施設効果の見積りが甘くなる傾向があった。リノベーションによる効果はせいぜい三年から五年程であり、最終的には地域住民や地方自治体の手に委ねられて、これまでの箱モノ行政と同じような結末を迎える。

自治改革の事例調査

過疎地域の人びとが、自らの手で自治改革を行った事例がたくさんある。その中からいくつかの地域をピックアップし、概要を簡単に紹介したうえで、事例調査から得られた知見を述べる。

1　宮崎県東諸県郡綾町

綾町《あやちょう》は、町おこしの先駆的なモデル〔郷田２００５年、浜田２００２年〕として全国的によく知られている。

１９６６年から１９９０年まで町長を務めた郷田實《みのる》は、有機農業や照葉樹林を活用し、地域独自のブランドを積極的につくった。また、大手焼酎メーカーの誘致や酒のテーマパーク建設などを通じて産業観光戦略を立ち上げた。

学校教育においても、地域社会を学校の中に引き込み、学校を地域社会の中に引き出した。これにより人と人が出会う環境づくりを進め、大人がしっかりとした自治意識を持つよう促していった。これについて郷田は次のように述べている。

「たとえば道路で犬が死んでいる。そうすると町民から電話がかかってきます。『犬の死骸があるど。早うかたづけんと臭くなるぞ』。小さいことですが、これもニーズの一つです。これを『わかりました』と言ってかたづければ『ようやってくれる』と喜んでもらえます。しかし、こういう要求はだんだんエスカレートしていくものです」（『結いの心——子孫に遺す町づくりへの挑戦』）

郷田は、町民がいかに役場に依存しているかを指摘し、そうした依存体質を改めるよう促している。その結果として、かつて「夜逃げの町」と呼ばれていた過疎の町が、自然の中での暮らしを求めて移住者がやってくるようになった。現在においても過疎化を食い止めている稀《まれ》な事例である。

綾町を取材して驚いたのは町長室の位置だった。町役場の入口と窓口のあいだに町長室があり、誰もが覗き込めるようになっていた。人びとのコミュニケーションも盛んであり、町全体に開放感があった。

なお、綾町は都市から近い場所に位置している。県庁所在地である宮崎市との距離は車両で四十分以内の通勤圏内にある。また、宮崎空港との距離も六十分以内であり、外との交流が容易な位置にある。郷田もこれを重視しており、積極的に道路を整備し、地域の利便性を高めた。地理的条件のよしあしは、地域活性化を行ううえで大きな要因である。

2　鹿児島県鹿屋市柳谷

柳谷《やなぎだに》は、鹿屋市（十万人都市）の中にある過疎地域である。正式名称は「やなぎだに」だが、古くから「やねだん」と呼ぶのが習わしになっている。

　１９９６年から柳谷町内会長を務めた豊重哲郎〔２００４年〕は、補助金に頼らない地域づくりを行った。失敗を積み重ねながらも、芋焼酎「やねだん」や「やねだん唐辛子」などの商品開発に成功している。また、土着菌を使った肥料や手打ちそばなど、いくつもの産業を地域の人びととつくった。これにより集落独自の財源確保に成功し、地域再生の神様とも呼ばれている。集落を一つの企業として見立てることで、集落そのものの黒字化を成し遂げた面白い事例である。

　そして現在、それが継続されて、よりよく発展しているかといえば違った。自治改革から年月が経てば、おのずと以前の過疎地域の姿に戻る。たとえば、柳谷集落では芸術家を受け入れて文化祭を開催しているが、「金髪の人が道を歩くのは嫌だ」とか、「その表現は子どもによくない」といった規制がかかり、文化祭の規模は年を追うごとに小さくなっていた。過疎地域はその人員の少なさゆえ、変わった行動や特殊な容姿は悪目立ちする。おのずと「何々しなければならない」や、「何々でなければならない」といった押し付けが行われる。押し付ける者と、その押し付けを嫌がる者とのあいだに溝が生まれていた。これはすべての過疎地域に共通している事柄であり、年月が経つにつれて元の過疎地域に戻るのが一般的だった。

3　鹿児島県霧島市福山町

一つの産業が地域経済を大きく潤した事例として、福山町《ふくやまちょう》の黒酢がある。そこでつくられる黒酢は鹿児島県の一地域で使われる調味料だった。それが現在では健康食品として全国のドラッグストアや量販店に並んでいる。天日にさらされ黒光りした無数の壺は〝壺畑〟と呼ばれており、一つの見どころとして観光客を呼び込んでいる。地域食材としての黒酢が特産品として日本全国に広がった特殊な事例である。

ただし、潤っているのは黒酢業者のみであり、過疎化は相変わらず進んでいた。地域活性化の成功事例というよりも、企業の成功事例としての側面が強かった。

4　熊本県水俣市

水俣《みなまた》市は、熊本県の最南部に位置し、鹿児島県との県境に位置している。重く長い公害の歴史を経て、最近では地域活性化が盛んな地域として知られている。

水俣市役所の職員であった吉本哲郎は、地元学〔２００８年〕なる学びを通じて地域の人びとに生きがいを与えている。それはつまり、地域の中にすでにあるモノを調べて、それを集め、それについて考えて、それらをまとめる。そのまとめたものを組み合わせることで新しいモノをつくる、といったものである。私が取材したときにも、小学生が「昆虫を食べてみた」といった研究レポートをつくっていた。そうした試みは地域の人びとに浸透し、学び、つくりあげることで喜びを得た人びとが、どんどん元気になっている。学びを通じて地域活性化を目指している面白い事例である。

5　調査から得られた知見

簡単ではあるが、四つの自治改革の事例を紹介した。これらの他にも過疎地域の人びとが自らの手で地域の人びとを巻き込み、成果を上げている事例が日本各地にたくさんあった。たとえば、高齢者が自宅に引きこもらないよう、高齢者サロンという交流の場を整えたり、その高齢者サロンに移動販売車を呼んで買い物を楽しめるようにしたり、ときには高齢者を車両に乗せて買い物に出かけるといった具合である。

それぞれの地域により手法は違うが、自治改革が上手くいっている地域や、上手くいっていた地域に共通しているのは、ボランティアスタッフの頑張りが大きかった。そのため、自治改革には盛り上がりがあり、年月の経過とともに元の過疎地域に戻る傾向があった。つまり、自治改革が継続されて、よりよく発展しているかといえば必ずしもそうではないという現実だった。

また、自治改革に取り組んでいる者たちと、それ以外の者たちとのあいだには大きな温度差があった。自治改革に取り組んでいる者たちは、都心のような活気が溢れる地域にしたいと考えてイベントなどを企画しているが、それ以外の者たちは「活気などいらない」と考えていた。そのため、そうした活動は中止と再開を頻繁に繰り返す傾向があった。

結局のところ、その途上で終わるというのが、地域活性化のよくある姿だった。それが現実であり、それでよいのではないかと私は考えている。地域の人びとが楽しめているぶん、中央政府が行う、都市を中心に置いた過疎地域対策と比べれば、はるかにマシではないだろうか。

第四章　過疎地域の現地調査

第四章では、私がフィールドワークを行っている過疎地域を中心に置いて、過疎地域から若者がいなくなる原因を調査し、人口流出の要因を探っていく。そのうえで過疎地域を中心に置いた過疎地域研究の有用性を明確にし、「第五章　田舎のいやらしさにおける考察」への道標とする。

鹿児島県大隅半島の風土

私がフィールドワークを行っているのは鹿児島県の大隅《おおすみ》半島と宮崎県の南側である（図表17、次ページ）。主な調査先は、鹿児島県の曽於市、鹿屋市、志布志市、霧島市、南大隅町、

図表17　鹿児島県大隅半島

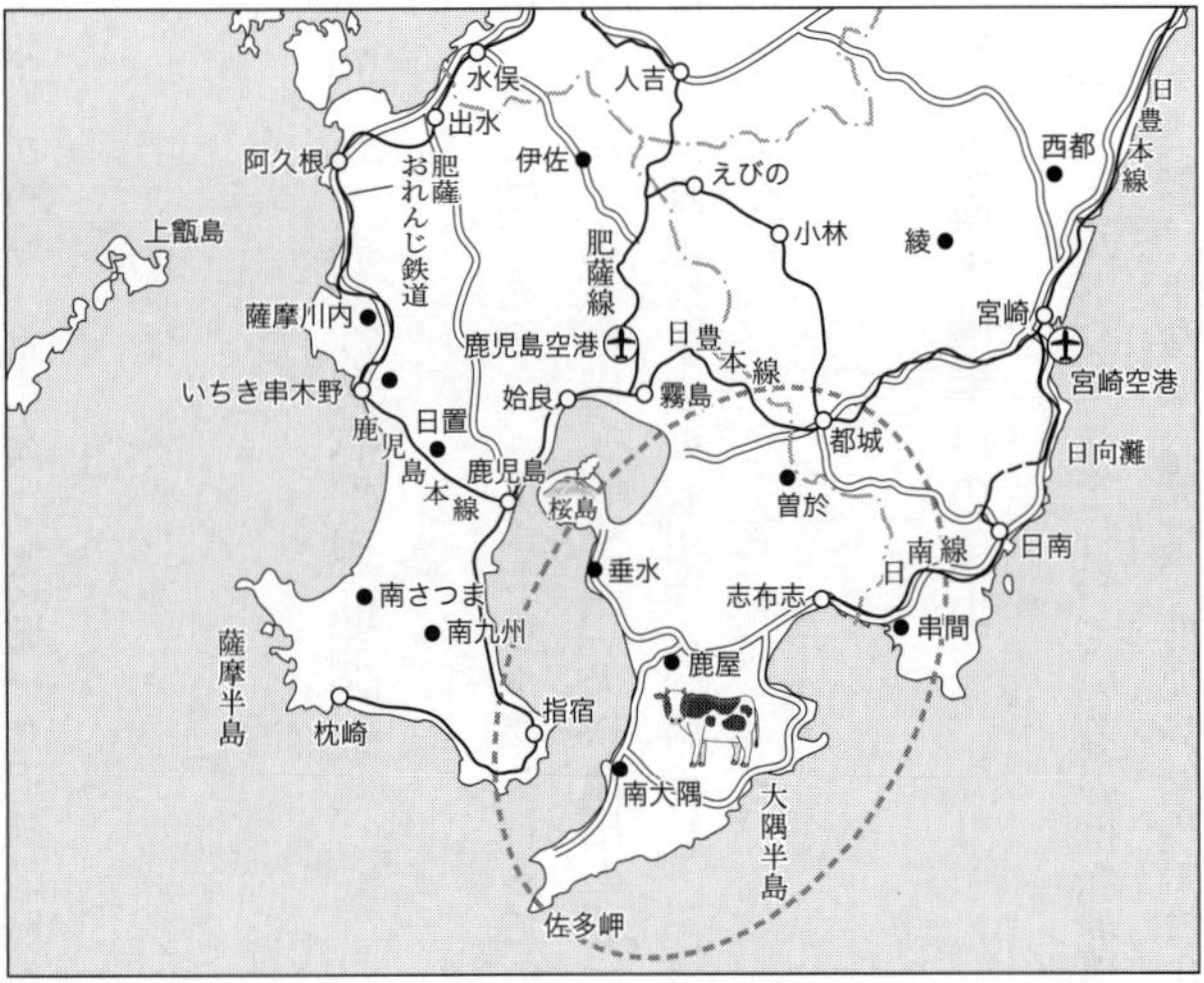

そして宮崎県の都城《みやこのじょう》市、串間市である。まずは、鹿児島県における、それぞれの地域の特色について説明する。

　鹿児島県は薩摩半島と大隅半島、そして南シナ海に浮かぶ島々の三つの地域に大きく分かれている。南シナ海に浮かぶ島々には、世界遺産がある屋久島や、ロケット基地がある種子島などが点在している。鹿児島市から最南端の与論島までの直線距離は６００キロ程であり、鹿児島市から大阪市までの距離とほぼ同じである。鹿児島県内にありながら遠く離れており、その往来は一部の自治体関係者がほとんどである。ちなみに、沖縄県は海をへだてて遠く離れているため、沖縄の人びとは鹿児島県を訪れることなく、大阪府や東京都に向かう。お隣の県でありながら鹿児島県で沖縄出身の人と出会う機会は稀である。

薩摩半島には、人口六十万人程の鹿児島市があり、鹿児島県における経済の中心地となっている。噴火を繰り返している桜島や明治維新の遺産といった見どころがあり、あらゆる文化の中心地となっている。また、薩摩半島には豊富な観光資源を持つ指宿《いぶすき》市もある。砂蒸し温泉、幻の怪獣イッシーが棲む池田湖、日本百名山の一つで三角錐の様相が美しい開聞岳《かいもんだけ》、長さ約８００メートルの砂の道を歩いて渡れる知林《ちりん》ケ島《がしま》、知覧特攻平和会館、知覧武家屋敷庭園群といった名所が点在している。ただし、指宿市は鹿児島市や鹿児島空港と距離があるため、豊富な観光資源を持つ日本有数の観光地でありながら現在ではかなり寂れている。

その薩摩半島と大隅半島を結ぶ交通の要所として、人口十二万人の霧島市がある。霧島市には鹿児島空港があるため、その地理的な条件を活かして、ソニー株式会社や京セラ株式会社などが工場を置いている。また、霧島市と鹿児島市のあいだにある姶良《あいら》市は、鹿児島市や鹿児島空港と距離が近いため利便性が高く、鹿児島県内で唯一人口が増えている地域である。

鹿児島県といえば、だいたいにおいて鹿児島市を中心とした薩摩半島を指している。そのため、私がフィールドワークを行っている大隅半島は、「じゃない方の半島」といった呼ばれ方をされる。

その大隅半島には人口十万人程の鹿屋市、その周辺都市として人口二万人程の垂水《たるみず》市、人口三万人程の志布志市、同じく人口三万人程の曽於市がある。その他にも、平成の大合併時に市町村合併を拒んだいくつかの町が点在している。日本本土の最南端に位置する南大隅町は、錦江《きんこう》湾と東シナ海に面しており、江戸時代までは本土と南の島々を結ぶ交通の要所だった。そこにある佐多岬はかつて多くの新婚旅行客で賑わっていたが、現在は廃れ、寂れている。

この大隅半島の主な産業は畜産と農業である。年号が平成になるまでは、自宅と牛小屋がセットになっているのが一般的だった。現在では各家で牛を飼う風習はずいぶん減っているが、畜産が主な産業であることに変わりはなく、「大隅半島は糞の匂いがする」とよくいわれる。高齢化の進行が激しく、道で出会う人のほとんどが高齢者であり、時がゆっくりと流れている。現在、鹿屋市の一部を除く全市町村が過疎地域に指定されており、多くの限界集落〔２００８年・２０１０年〕が点在している。限界集落とは、社会学者の大野晃が１９８０年代の終わりに提唱した概念で、次のように定義される。

「65歳以上の高齢者が集落人口の半数を超え、冠婚葬祭をはじめ田役、道役などの社会的共同生活の維持が困難な状態に置かれている集落を、私は『限界集落』と呼んでいる」（『限界集落と地域再生』、静岡新聞社）

①存続集落（55歳未満人口比50％以上・後継ぎ確保）
②準限界集落（55歳以上人口比50％以上・後継ぎ不在）
③限界集落（65歳以上人口比50％以上）
④消滅集落（人口・戸数がゼロ）

大野は集落の状態区分を、年齢構成による量的規定と、後継ぎのあるなしによる質的規定に基づいて四つに分類した。そして、①──→②──→③の順番で限界集落が全国に拡大していった現状を訴えている。この限界集落という言葉は、中央政府やマスメディアなどでも広く使用されており、学術用語として定着しつつある。

鹿児島県曽於市の現地調査

Ⅰ　若者流出の調査

曽於市役所企画課の統計データ〔２０２０年度〕を基にして、曽於市で暮らしている若者の流出について調査を行った。不明点については市役所に出向き、職員に聞き取り調査を行っている。

このような調査を行った背景として、都心で暮らしている者から「現在は地方に残る若者が多く、過疎地域から若者は流出していない」との指摘があったためである。過疎地域で暮らしている者からすれば、日常の肌感覚として「若者の流出は調査するまでもなく明白である」との認識を持っていたわけだが、都心で暮らしている者にはその肌感覚がないため、基本的なところから調査し、その根拠を示すことにした。

なお、人口移動を調査するには年度別に比較するのが適切だが、数字に大きな差がなかったので分かりやすく２０２０年度のデータで比較している。前提条件として、曽於市には小学校が二十校、中学校が三校、高校が一校、大学や専門学校は〇校である。生徒数は小学校が１６０６人、中学校が８１８人、高校が４６３人である（図表18）。

図表18　教育環境の現状

	校数	生徒数	学年平均	教員数	職員数
小学校	20校	1,606人	13人	207人	68人
中学校	3校	818人	91人	65人	17人
高等学校	1校	463人	154人	47人	18人
大学（専門）	0校	0人	0人	0人	0人

出所）曽於市役所、2020年度『曽於市統計書』のデータを基に筆者作成

まずは、小学校の教育環境について述べておく。小学校が二十校あり、生徒数が１６０６人ということは、一校当たり平均80人である。これを六学年で割った場合、一学年あたり13人となる。同学年の人数が少ないということは、それだけ揉まれる環境にないことを意味している。そうした環境が子どもによい影響を与える場合もあるし、与えない場合もあるだろう。

いずれにせよ、子どものあいだでの競争意識は芽生え難い。そのため、「市外の高校に入学してようやく競争意識が芽生えた」といった言葉を耳にする。これまでとは違う他者とのかかわりが生まれて意識が変わるのである。

また、特殊な趣味を持っている場合、つながりにくさを伴うため、特殊性は失われていく傾向に

図表19　卒業後の進路

	卒業者	進学	就職	その他
中学校（3校）	252人	250人	2人	0人

ほぼ4割減

	卒業者	大学	専修学校	就職	その他
高等学校（1校）	159人	35人	46人	74人	4人

内訳

県内就職	県外就職
27人	47人

内訳

市内就職	市外就職
17人	10人

出所）曽於市役所、2020年『曽於市統計書』のデータを基に筆者作成

ある。過疎地域で学校生活を送る場合、文化的に凡庸にならざるをえないのである。そのため、過疎地域の教育環境は、第一部でも述べたが、多様性よりも同一性が育まれる傾向があった。こうした環境はスポーツに向いており、過疎地域から一流のアスリートが輩出されることがよくある。

次に卒業後の進路について述べる（図表19）。中学卒業者２５２人のうち、高校に進学するのは２５０人である。その一方で市内の高校卒業者は１５９人である。つまり、曽於市には高校が一つしかないため、中学卒業者の多くが市外の高校に進学していた。自宅から近隣の市町村へ通学している学生もいるので単純に若者が激減しているわけではないが、市外の高校に行くような学生は、ほぼ例外なく高校卒業後も市外で生活していた。

　また、曽於市の高校を卒業した１５９人のうち、大学への進学は35人、専門学校をはじめとする専修学校への進学は46人である。曽於市には大学や専修学校がないため、計81人の若者が進学で市外に出ていた。また、就職は県外就職と県内就職を合わせて74人である。その内訳は県外就職が47人、県内就職が27人となっている。高等学校の資料を基に市内就職者数を調べたところ、県内就職のうち市内就職は17人だった。

　結果として、中学校卒業時に２５２人いた若者たちは、高校卒業時に17人にまで激減していた。市内から近隣の市町村に通勤している労働者もいるため、単純に若者が激減しているわけではないが、市外の職場で働くような労働者は、ほぼ例外なく結婚を機に住民票を市外に移していた。

　こうした事情を踏まえたうえで、市役所職員に進学戻りや就職戻りなど、その後のＵターンを調べてもらったところ、「10人前後だろう」との回答だった。また、他の地域の出身者が曽於市に転入してくるケースも尋ねてみたところ、「若者の転入は0人で考えてもらって構わない」との回答だった。つまり、中学卒業者２５２人のうち、市内に残るのは市内就職者17人と、Ｕターン10人を合わせた27人程であり、その残留率は10・７１％になる。市内就職したが、その後に退職して市外に行くケースも多くあるため、その残留率はさらに低くなる。

このように、曽於市では学校数が圧倒的に少ないことが若者の減少により拍車をかけていた。

２　人口減少の調査

次に曽於市全体の人口推移について調査を行った。２０１０年の曽於市の人口は３万９２２１人で、２０１５年の人口は３万６５５７人である。２０１０年～２０１５年までの五年間で、２６６４人の人口減少があり、その減少率は６・７９％である。

人口減少の要因は、若者の流出による社会減に加え、寿命を終える自然減である。自然減については、六十五歳以上の高齢者人口が２０１５年の時点で１万３７０６人、人口の三分の一以上の割合を占めているため、おのずとその割合も大きかった。

社会減については、学校数の少なさに加えて、経済規模の小ささもその要因として挙げられる。たとえ高校を卒業して市内に残ったとしても、仕事や生活の利便性を求めて周辺の十万人都市に流れる傾向があった。それは鹿児島県の鹿屋市や、宮崎県の都城市などである。このような十万人都市は、周辺の過疎地域から人口が流入することで人口減少が穏やかになり、過疎地域の指定を免れている側面があった。

次の年表は、６・７９％の減少率に基づいて、曽於市の人口推移を十年毎に予測した結果である。

【曽於市人口推移予測（減少率6・79％試算）】

2015年　3万6557人
2025年　3万1751人
2035年　2万7594人
2045年　2万3974人
2055年　2万8229人
2065年　1万8097人（五十年で56％減）
2075年　1万5722人
2085年　1万3660人
2095年　1万1868人
2105年　1万3111人（ボーダーライン）
2115年　8958人

曽於市の総人口は五十年ごとに半減する結果となった。市の行政機能が維持できるボーダーラインは一万人とされており、２１０５年以降は行政機能の維持が困難になる。この結果をどう捉えるのか。とりあえず今は大丈夫だから放っておくのか。それとも、いずれ近い将来に危機が訪れるから何かしらの手を打っておくのか。その点について曽於市役所企画課の職員にインタビューを行った。

Q　「曽於市は寂れていく一方ですね」
A　「そうなりますね」
Q　「いずれ曽於市は立ち行かなくなりますよね」
A　「そうですね」
Q　「何か対策のようなものはありますか」
A　「う〜ん、ないですね」
Q　「ないですか」
A　「残念ながらないですね」
Q　「たしかにやりようがないですよね」

A　「そうですね」

Q　「私も曽於市に住んでいるので分かります」

「インタビューになっていない」とのご指摘があるかもしれないが、過疎地域の人びとが持つ雰囲気はよく表れている。これは市役所職員が非協力的だったのではなく、むしろ取材を通してとても協力的に対応していただいた。それにもかかわらず、このようなインタビューになった。なぜなら、過疎地域がいくら廃れても、職員の収入は中央政府が保障しており、現状維持で何ら問題がないのである。問題意識そのものがなく、むしろ問題にされることが問題意識として認識される。

また、普段の日常会話で過疎地域の人びとに過疎化について尋ねても、過疎の状態が日常であるため、「自分たちの地域が過疎地域である」との認識を持っていない者が多くいた。なぜなら、行政機能は中央政府が維持していて、普通に日常生活を送れているからである。結局のところ、立ち行かなくなったら、そのときに考えればよいということだった。つまり、過疎地域について問題意識を持っているのは都心の者であり、過疎地域の人びとは、とくに何も考えていなかった。

3　限界集落の調査

次に曽於市の限界集落にて聞き取り調査を行った。前提条件として、携帯電波受信可能、インターネット回線不通、上下水道なしである。水道水は地下水を汲み上げている。そのポンプは二十年くらいで老朽化し、交換が必要になる。交換費用は二百二十万円であり、費用の半分は曽於市から「深井戸水中ポンプ等取替工事交付金」の名目で補助金が出る。残り半分の百十万円は地域の人びとの持ち出しである。そのため、戸数が減ると負担が大きくなりライフラインを維持できなくなる。住民聞き取りによる集落の人口推移予測は次の通りである（図表20）。

どの時点で集落の維持が困難になるのか定かではないが、ポンプの交換が大きな転機になるのは確実だろう。そのほとんどが高齢者となる２０５０年頃にはポンプの交換ができず、集落での生活が難しくなるのではないだろうか。

一つの限界集落が２０５０年頃に消滅する事実をどう捉えるのか。とりあえず今は大丈夫だから放っておくのか。それともいずれ近い将来に危機が訪れるから何かしらの手を打っておくのか。限界集落の人びとから得られた回答は、「その頃にはほとんどの者が亡くなっており、そうなったらそうなったで、そのときに考えればよかろう。ここよりも厳しい集落は

図表20　集落人口推移予測

西暦	人員	10〜29歳	30〜49歳	50〜69歳	70〜89歳	90歳以上
2010年	32人	7人	5人	11人	6人	3人
2020年	25人	1人	3人	13人	8人	0人
2030年	25人	0人	3人	5人	13人	4人
2040年	21人	0人	1人	3人	13人	4人
2050年	17人	0人	0人	3人	5人	9人
2060年	8人	0人	0人	1人	3人	4人
2070年	4人	0人	0人	0人	3人	1人
2080年	0人	0人	0人	0人	0人	0人

住民の聞き取りを基に筆者作成

いくらでもあるぞ」ということだった。

また、このような限界集落では、小さな田畑で家族が食べるだけの米や野菜などを生産しているわけだが、市役所の職員から「農業振興地域整備計画に伴い、区画整理を行うので、小さな田畑を売るか、大きな田畑を買うかしてほしい」との申し出を受けていた。これに対して「どうして行政がそのようなことに口を出してくるのか。私たちのことは放っておいてほしい」ということだった。

4　調査から得られた知見

過疎地域の人口流動調査は日本各地で行われており、すでに多くの調査結果が積み上げられている。私が曽於市で行った調査も、そうした人口流動調査とほぼ同じ結果だった。

先述したように、人口流出の主な要因は、学生の進学や就職である。高校選択の段階で市内に希望の高校がない場合、市外の高校に進学することになる。このとき、市内から市外の高校に通学するケースも見られるが、ほとんどの者が高校卒業後の進学や就職で過疎地域を去っていた。そして、その後のUターンは極めて少なく、Iターンについては、ほぼゼロだった。

これは過疎地域の就業分野が単純労働に偏っており、専門職を受け入れる基盤が弱いことに起因している。高学歴者やスキルを持つ者を吸収する職業分野が通勤圏内にほとんどない。たとえ、サービス業での就業先があったとしても、卸小売業や宿泊業といった経営基盤の弱い企業がほとんどであり、おのずと低賃金の長時間労働になる。そのため、専門職に就いている者のUターンやIターンは厳しく、流入を阻む大きな壁になっていた。例外として、過疎地域は高齢者が多いため、介護職や看護職といった専門職は受け入れ分野が多くあった。

総務省のデータ〔2019年〕が示している通り、これまで日本の人口が増え続けていた中で、過疎地域の人口は一貫して減り続けている（図表21）。これから人口減少時代がやってくる中で、過疎地域の現状はますます厳しくなっていくだろう。とくに進学や就職による若

図表21　過疎地域と非過疎地域の人口推移

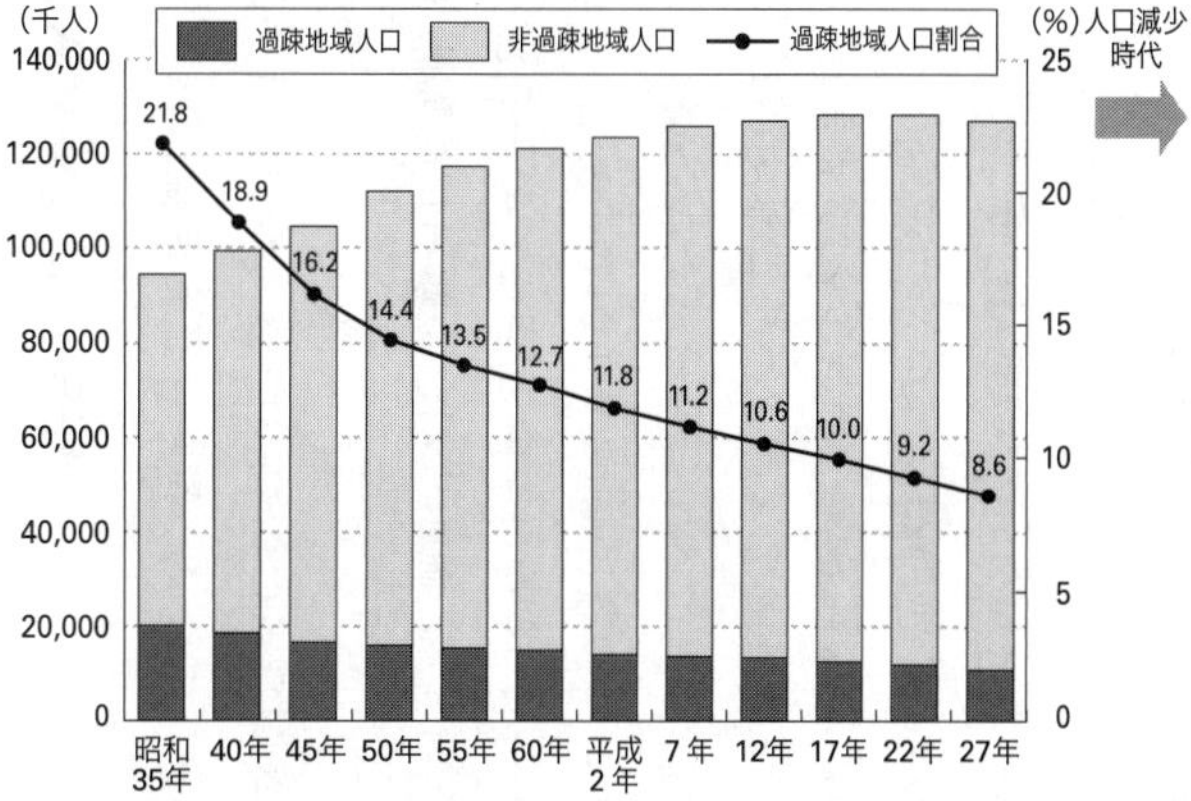

出所）総務省地域力創造グループ過疎対策室『過疎対策の現況』を基に筆者作成

者の流出が顕著で、高齢化は急激に進行している。

繰り返しになるが、こうした状況について過疎地域の人びとは、とくに何も考えていなかった。そして、それでよいのではないかと私は考えている。過疎地域の利権構造が守られている限り、中央政府が過疎地域を見捨てるとは考え難く、過疎地域の人びとが言うように、そうなったらそうなったで、そのときに考えればよいのではないだろうか。

今回、若者流出の根拠を示すために調査を行ったわけだが、昨今、若者の地元志向が高まっているとはいえ、それは利便性が高い県庁所在地などの話であり、陸の孤島と呼ばれるような過疎地域では影響はなかった。

インタビュー調査

次に、過疎地域出身者にインタビューを行った。過疎地域で暮らしている者、周辺都市で暮らしている者、都心で暮らしている者の計三件を紹介する。

①過疎地域で暮らしている者

串間市出身、串間市在住の女性（二十九歳）。

Q「地元に残ろうと思ったのはどうしてですか」
A「なんとなくです。とくに理由はないです」
Q「ご兄弟はいらっしゃいますか」
A「姉が二人います。長女は奈良県の大学に進学して、関西の企業に就職して、八年後にUターンで戻ってきました。次女は高校卒業後に愛知県の企業に就職して、そこで結婚して暮らしています。私は高校卒業後に地元企業に就職して、現在はスナックで働いています」
Q「三人姉妹ですね。上の二人が県外に出ていったので、自分は地元に残ったというこ

　　とでは？　違いますかね」
A　「う〜ん、よく分からないですね」
Q　「Uターンで戻ってきたお姉さんは何をしていますか」
A　「志布志の港で事務をしています。八時から十八時までの勤務契約でしたが、実際は八時から二十四時でした。怒った父親がクレームの電話をかけて、それからは十八時に帰れるようになりました」
Q　「なかなかのブラックですね」
A　「民間企業はブラックばかりです。市役所か銀行に就職できなかったら残りはブラックです。私も高校卒業後にブラック企業に就職しました」
Q　「たしか県立の商業高校を出ていますよね。全商の簿記1級も持っている」
A　「そうですね。高校の斡旋で就職させてもらったのですが、試用期間という名目でアルバイト扱いでした。雑用が多くて便利使いされていた感じです。給与は時給計算で社会保険も有給休暇もありませんでした。三年後に労働基準監督署に訴えたら社長に呼び出されて、俺も家族がいるから頼むよ、と言われました」
Q　「困った話ですね。その後はどうしたのですか」

A「その会社は辞めて、四年間コンビニでアルバイトしていました。最低賃金でサービス残業もありました」

Q「コンビニでもそうなんですね。その後はどうしたのですか」

A「鹿屋市の採石会社で事務を四年間やっていました。その会社も時給計算で雇用保険も社会保険も有給休暇もありませんでした。最後は財布を投げつけられて、殺すぞ、と言われて辞めました」

Q「もう無茶苦茶ですね」

A「無茶苦茶です。いろいろありましたが、今はスナックで楽しく働いています」

Q「それはよかったです。ところで過疎地域の活性化は本当に必要だと思われますか」

A「分からないですけど、必要なんじゃないですか」

Q「でも活性化するということは、都市と同じような競争が生まれるということですよ。それでもいいですか」

A「それは嫌ですね」

②周辺都市で暮らしている者

志布志市出身、鹿屋市在住の女性（三十歳）。

Q「現在のお仕事を教えてください」

A「事務の仕事をパートでやっています」

Q「たしか栄養士の資格をお持ちでしたよね」

A「はい。以前はそうした仕事をしていました。そこのお局様にイジメられて会社を辞めました」

Q「よく聞く話ですね」

A「はい。よくある話です」

Q「同級生はどれくらい志布志市に残っていますか」

A「小学校の同級生は二十五人で、そのうち志布志市に残っているのは六人です。女性が四人で、男性が二人です」

Q「24％も志布志市に残っていますね」

A「そうですね。私たちの学年はかなり残っています。でもそれはたまたまで他の学年は違います。全体的に見て八割が県外で、一割が鹿児島市内で、残り一割が志布志市だと思います」

Q「私が暮らしている曽於市もそれくらいです。地元組10%くらいです」

A「普通はそれくらいですよね」

Q「それくらいでしょうね。たとえば子どもが三人いたとして、一人は東京や大阪といった遠くにいて、一人は鹿児島市内や福岡市といった九州の都市にいて、一人は地元に残るか、地元の周辺都市にいるイメージがあります。どうでしょう」

A「(しばらく考えて)そうですね。そうだと思います。私も志布志市出身ですが鹿屋市に住んでいますし、私の弟は県外にいます。男性は外に出ていくものだと父親が言っていました」

Q「県外に出ようと思わなかったですか」

A「小さい頃からそういうことをあまり考えたことがないですね」

Q「それはどうしてですかね。家庭環境がよかったんですかね」

A「そうかもしれないですね。両親のことが大好きですし。とくにやりたいこともなかったです。でも県外に出ていった友人は田舎にいてもやりたいことがない、したいことがない、できることが田舎にはない、と言います」

Q「なるほど。ところで過疎地域の活性化は本当に必要だと思われますか」
A「たぶん必要なんじゃないですか」
Q「でも活性化するということは、都市と同じような競争が生まれるということですよ。
　それでもいいですか」
A「それは嫌ですね」

③都心で暮らしている者

曾於市出身、東京都在住の女性（三十二歳）。
Q「現在のお仕事を教えてください」
A「宝飾店で営業をしています」
Q「たしか銀座のインテリアショップでしたよね」
A「そうです」
Q「東京で暮らし始めたのはいつですか」
A「高校を卒業して東京のインテリア専門学校に入学したのがきっかけです。最初はインテリアデザイナーになりたくて……つくる方ですね。その後いろいろあって今は営業をしています」

Ｑ「地元に戻ってくる予定はありますか」

Ａ「おそらくないというか、まったくないです」

Ｑ「それはどうしてですか」

Ａ「嫌で嫌でたまらなくて出てきたわけですから、ここに戻ることはないと思います」

Ｑ「どこらへんが嫌でしたか」

Ａ「文化的な教養がないというか、何もかもＴＶが中心で、ＴＶに映らないものはクオリティーが低いと思っていて、どうしても話が噛み合わないです。外国人やＬＧＢＴに対して差別意識を持っている人も多いですし、女性は勉強しなくても結婚して子どもを持てばそれで幸せみたいなところがあって、そういったところがつまらないというか、たとえば東京にはいろいろな人がいて、いろいろな文化的な施設があって、いろいろな考え方がありますが、田舎にはそれがないですし、そうしたものがあることさえ知らないですから。まぁ、つまらないというのが本音ですね」

Ｑ「つまり、文化的なへだたりを強く感じているわけですね」

Ａ「それが大きいです。東京だと選択肢がたくさんあって、たとえそこが合わなくても別の場所に行くことができます。田舎にはそうした選択の余地がないですから。みんな暇さえあればTVを観ていて、TV相手に文句ばかり言っているといった感じで、まぁ、つまらないです。今はインターネットを使って自分で情報を取得できる時代になりましたが、それでも実家にインターネット回線はありませんし、そもそもPCさえも置いてないですから。両親と話をしていても話が噛み合わずに消耗するだけで疲れてしまいます」

Q「とてもよく分かります。私も両親とは文化的なへだたりがあって同居は無理ですね。東京の知人に、過疎地域の人びとが持つ特徴について話をすると、決まってそこから離れるしか方法がないねと言われます」

A「(私に向かって)東京で暮らした方がいいですよ」

Q「前向きに善処します(苦笑い)。ところで過疎地域の活性化は本当に必要だと思われますか」

A「(しばらく考えて)それって無理じゃないですか」

Q「そうですね。活性化するということは都市と同じような競争が生まれるということですからね」

A「無理ですね。競争とか無理ですよ」

インタビューについては、本稿で紹介した他にも、普段の日常会話で多くの情報を得ている。そうした情報を通じて得られた知見として、若者が過疎地域に残る行為に理由はなかった。むしろ理由がないから、なんとなく残っているといった場合がほとんどだった。

それに対して過疎地域を去る若者には明確な目標ないし、おぼろげな目標がある場合がほとんどだった。その目標とは、「①学問を求めて　②専門職を求めて　③選択肢を求めて」の三つだった。

過疎地域の現実

先にも述べた通り、若者が過疎地域を去る主な理由は、「①学問を求めて　②専門職を求めて　③選択肢を求めて」の三つだった。これに関連して過疎地域の現実を述べておく。

過疎地域では、民間企業の弱さを公務の一般職で引き受けるケースがあった。地方自治体が会計年度任用勤職員と呼ばれる就業形態で雇い入れるのである。地域の就業率が低いと治安の悪化が想定され、社会福祉の出費も膨らむためである。

その主な業務は、窓口係や地域住民への連絡係、封書の宛名シール貼りといった雑用で、地域おこし協力隊の隊員もほぼ同じような業務を割り当てられていた。こうした募集はハローワークで行われているが、面接の前に縁故で採用が決まっていて、かたちだけの面接を行うといった話はよくある。総務省は、その採用基準を「競争試験または選考」と定めており、ほとんどの地方自治体が面接選考を選択していた。

また、シルバーセンターや商工会議所などの所長といった役職も、面接の前に縁故で採用が決まっているといった話はよくある。詳しく申し上げられないのだが、こうした情報は内部の者から何度も得ており、かなりの頻度でそのようなことが行われていると推察できる。つまり、過疎地域では、学歴やスキルよりも縁故が重要で、縁故のない者が役職に就くのは難しい。そのため、おのずと高学歴者やスキルを持つ者がいないといった状況になり、学習意欲が低くなる傾向にある。

そもそも、過疎地域は学びを行う環境に適していない。たとえば、民間資格や国家資格の受験は都市で行われるのが一般的である。鹿児島県の奥地から福岡県の受験会場まで行くのに半日かかるため、過疎地域の人びとは、ほとんど眠れずに試験を受けていた。また、国家資格の更新には法定講習の受講を求められるが、そのための交通費と交通時間を捻出するのに骨が折れる。また、通信制の教育機関であっても定期的な来校を条件にしている場合があり、同じく交通費と交通時間を捻出するのに骨が折れる。こうした問題は、都市で暮らしている者からすれば、「過疎地域に住んでいるのが悪い」ということになる。

また、過疎地域の就業分野が単純労働に偏っていることも学習意欲の低下に拍車をかけていた。たとえば、ライン作業のような一定の動作を繰り返す業務、宛名書きや掃除といった単純作業をしている場合、学習意欲や思考力の低下が起こる。この場合も、「そのような仕事をしているのが悪い」ということになるわけだが、過疎地域にはそのような仕事しかないのである。学習意欲の低下は、個人の問題ではなくて、労働環境の問題だった。そのため、過疎地域では文字を読むのが苦手な者が多く、学習意欲がある者を使えない者として見下す傾向にある。適していない環境の中で学びを行おうとしているのだから、見下されて当然ということだった。

また、過疎地域では業務中にスマートフォンを弄《いじ》ったり、家族との通話を行ったり、世間話で盛り上がったり、といったことがよくある。昼休みに事務所内で昼ドラを必死に視聴している従業員もいる。そのため、職場が騒がしいのが一般的であり、業務に没頭したくても、それが上手く行えないのである。つまり、プロフェッショナルな専門性を身に付けたくても、まわりがそれを許さなかった。

次に、③の選択肢を求めて、について言及しておく。その一つの事例として、過疎地域における家族の重要性について述べる。

たとえば、過疎地域では家族の用事がある場合、遅刻、早退、中抜け、欠勤を容易に認める風習があった。仕事と家庭を別々に扱うのではなく、家庭の中の連続的な行為として仕事を扱うのである。とくに男性と女性の役割文化が根付いている過疎地域において、業務の途中で女性従業員がいなくなるのは、よくある日常風景だった。

管理者の立場からすると、仕事と家庭の線引きが曖昧になり、業務予定も崩れるため、とても困るのだが、「家族」のフレーズを出されると問答無用に中抜けを認めるしかなかった。その要因として、学生の通学に伴う困難さがあった。

次の図表（図表22・23、次ページ）は、志布志市が行った子どもの送迎についての実態調査である。

図表にある通り、ほとんどの親が子どもの送迎を行っていた。「送迎はしない」の回答は、徒歩圏内に居住しているためである。各学校は、スクールバスを運行させているが、登校時

図表22　送迎の頻度

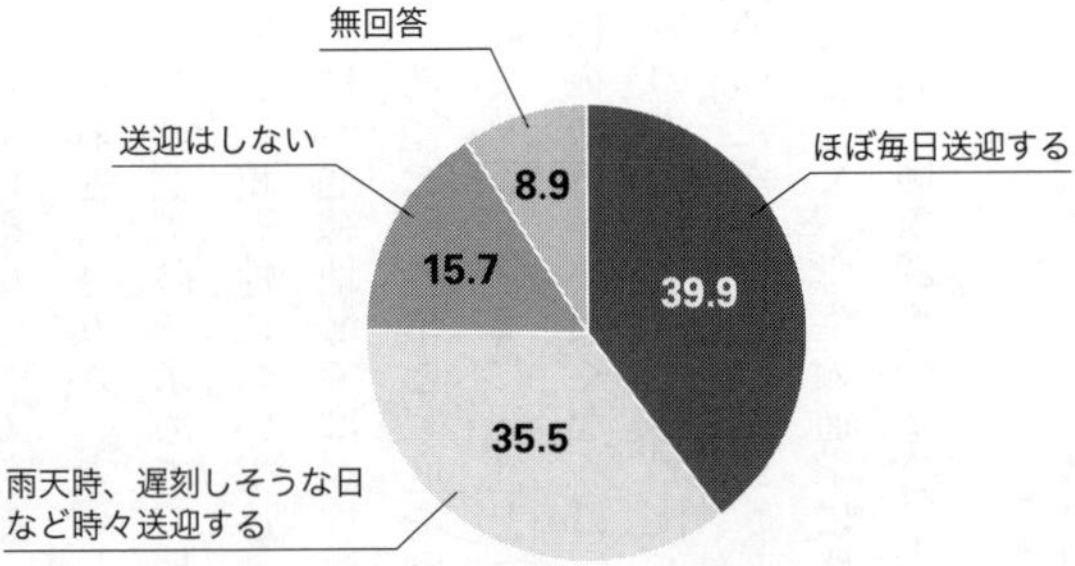

出所）志布志市役所、2019年『志布志市地域公共交通網形成計画・公共交通の課題』のデータを基に筆者作成

図表23　送迎の負担

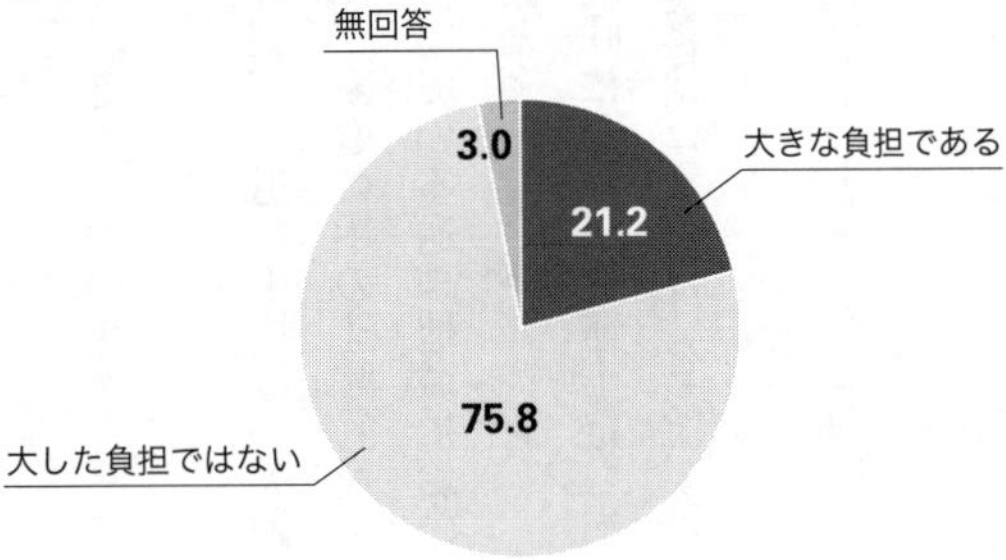

出所）志布志市役所、2019年『志布志市地域公共交通網形成計画・公共交通の課題』のデータを基に筆者作成

と下校時に時間的な制限があるため、利用頻度が低いのが実態だった。

そして、その子どもの送迎について親は負担を感じていないのが一般的だった。なぜなら、過疎地域において家族というのがアイデンティティーの源だからである。これについては、脚本家の倉本聰が描いたテレビドラマ『北の国から』を思い浮かべれば分かりやすいのではないだろうか。過疎地域では家族愛がすべてであり、他のどのような事柄よりも優先されるのである。

その要因として、生活するうえでの話題が少ないことが挙げられる。たとえば、過疎地域の人びとの日常会話は家族についての話題と、マスメディアについての話題の二択に絞られる。つまり、子どもがいない、またはマスメディアに興味がない場合、日常会話に入れないのである。過疎地域の人びともそのことをよく知っており、結婚して家族をつくることが、人生を円滑に進めるための手段として捉えていた。そのような捉え方が、過疎地域での選択肢を狭めている側面があった。

過疎地域の序列意識

1　職業威信の序列意識

過疎地域から人口が流出する要因として、職業威信の序列意識について述べる。この職業威信の序列意識は、過疎地域から都心に若者が流れる要因として、東京都立大学教授の山下祐介〔2015年〕をはじめ、多くの社会学者が指摘している。

一般的に、作家や医師、弁護士などの専門職は職業威信が高くなる傾向があり、コンビニ店員や工場労働者などの一般職は職業威信が低くなる。たとえば、本書で他者の文章を引用する場合、その他者に権威があるのか、ないのかが問われる。コンビニに勤めているAさんの文章を引用しても説得力がないのである。そのAさんが人生を費やして専門家を超える知識を持っていたとしても、である。

一般的に「過疎地域には仕事がない」と言われるが、過疎地域にも農業や畜産などの第一次産業がある。さらには建設業や工場労働といった第二次産業もある。ただし、それらは若者が就きたいと考える専門職とは違う。ドイツの社会学者であるゲオルク・ジンメル〔1903年〕は、都市における分業の発達と専門化について次のように指摘している。

「都市は、分業の発達によって、パリの14番目役という有償の職業のように、極端な現象を生みだします。14番目役というのは、住居に人に分かるように看板がかかっていて、晩餐の時刻に正装をして準備しており、晩餐会の人数が13人になりそうなときに、すぐに呼び出しに応じられるようにしている人のことです。都市は、拡大するにつれて、ますます分業のための決定的な条件を準備します。都市は、規模の大きさのゆえに、著しく多様なサービスを吸収できるような社会圏を準備します。同時に、個人が集中し、顧客をめぐる競争が激しいので、個人は、簡単に他者によって置き換えることができないような機能の専門化を余儀なくされます」（『大都市と精神生活』）

14番目役を現代の日本で分かりやすくたとえるなら、出会い系イベントで男女の人数がそろうように待機している予備員である。都市では、そのような需要が少ない特殊な仕事であっても、その人口の多さゆえに商売として成り立つ。たとえば、ＩＴ系のプログラマーやデザイナー、カメラマンやイラストレーター、ライターや翻訳家、タレントや司会者などの専門職が都市には存在している。就業先の選択肢も多く、フリーランスといった働き方も可能である。その特殊さゆえに時給単価も高くなり、刺激や自由度も高くなる。

都市に比べて過疎地域は、就業先の選択肢が少なく、その職種は単純労働の一般職がほとんどで、おのずと低賃金の長時間労働を余儀なくされる。こうした専門職と一般職の差は、都市の仕事は職業威信が高く、過疎地域の仕事は職業威信が低いといった序列意識をつくる。また、日本の行政組織が東京都に集中し、東京都の持つ威信が地方を序列化しているため、都心から遠く離れた過疎地域の序列意識はより低くなる傾向にある。

そうした中で、ローカル志向を持つ若者が増えているとの指摘もある。たとえば、京都大学こころの未来研究センター教授の廣井良典〔2015年〕は、若い世代のローカル志向の高まりについて次のように述べている。

「ここ数年、ゼミの学生など若い世代を見ていて、『地域再生』や『ローカル』なものへの関心が確実に強まっているのを感じてきた。たとえば静岡出身のある学生は、『自分の生まれ育った街を世界一住みやすい街にすること』をゼミの志望理由でのテーマにしていたし、新潟出身の別の学生は新潟の農業をもっと活性化させることを最大の関心事にしていた。別のある学生は『愛郷心』を卒論のテーマにし、それを軸にした地域コミュニティの再生を掘り下げていた。（中略）こうした若い世代の『ローカル志向』は、必ずしも私自身のまわりの限られた現象にはとどまらないようだ。たとえばリクルート進学総研の調査では、２０１３年春に大学に進学した者のうち49％が大学進学にあたり『地元に残りたい』と考えて志望校を選んでおり、この数字は４年前に比べて10ポイントも増えている。また文部科学省の14年度調査では高校生の県外就職率は17・９％で、09年から４・０ポイント下落している。さらに内閣府が２００７年に18〜24歳の若者を対象に行った調査では、今住む地域に永住したいと答えた人は43・５％と、98年の調査から10ポイント近く増えたという」（『人口減少時代の社会構想――地域からの離陸と着陸――』）

廣井が指摘している通り、若い世代のローカル志向は高まっているだろう。その要因として、高度経済成長の時代は、人口の密集が効率的であったが、低成長時代に移行し、インターネットが登場した現在では、人口の密集が必ずしも効率的ではなくなった。私のまわりでも、安定志向が強い一部の若者は、過疎地域から少し離れた小都市で暮らしている。

たとえば、かつてのドラマといえば、おしゃれで軽いタッチの若者たちが、美しいインテ

図表24　職業威信の序列意識

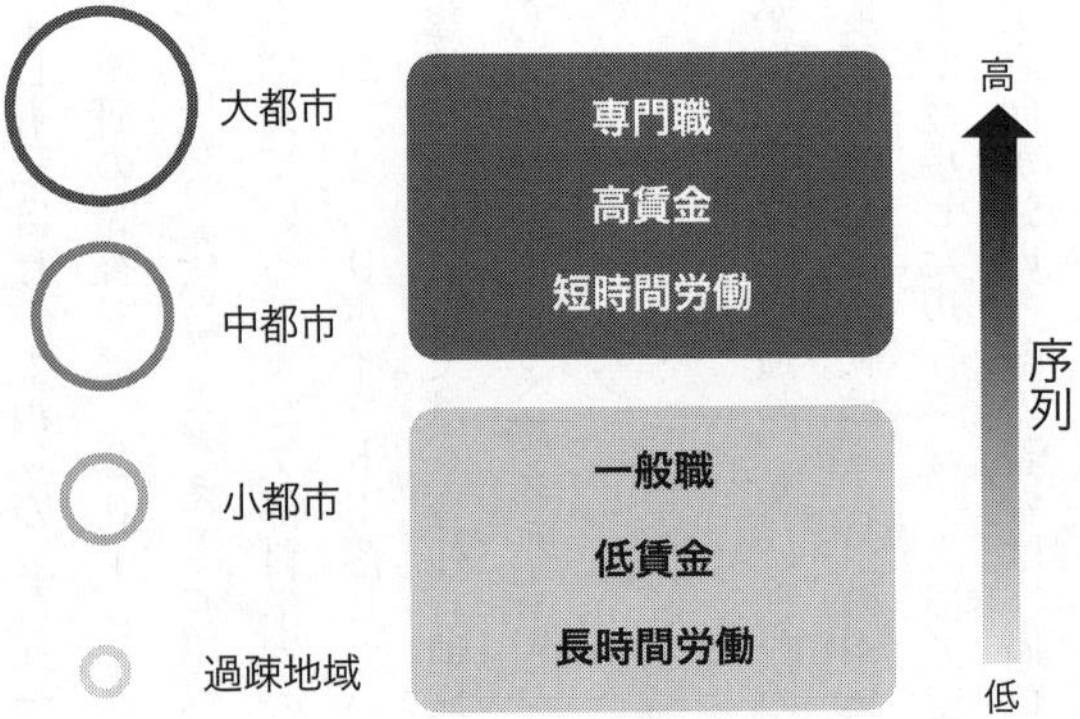

筆者作成

リアに囲まれた高級マンションに住み、オープンテラスのカフェで自由を謳歌していた。その舞台のほとんどが東京都であったが、今ではローカルの面白味を活かしたドラマやアニメーションも増えている。

ただし、そのローカルな地域がどこかといえば、埼玉県や千葉県の山奥といった関東圏である。地方の場合は、県庁所在地などの利便性が高い地域になる。陸の孤島と呼ばれているような過疎地域では決してない。

つまり、ローカル志向にも序列意識があり、地域格差がある。そこにあるのは都心との距離感だと私は考えている。都心との物理的な距離、精神的な距離、文化的な距離である。

2　文化威信の序列意識

　そこで私は、過疎地域から都心に若者が流れていく要因として、職業威信の序列意識だけではなく、文化威信の序列意識もあるのではないかと考える。たとえば、あの地域には男尊女卑の習慣があり、この地域には男女平等の習慣があるといったことが文化威信の序列意識を決める。

　たとえば、私が暮らしている過疎地域では、ハローワークの求人に応募し、面接に行くと半分位の割合で「女性に指示されても大丈夫ですか」と質問される。最初は何を言っているのか分からず、何だか馬鹿にされているような気がして不愉快だった。そうしたことを繰り返すうちに、この地域には女性に指示されるのを嫌がる男性がたくさんいるのだと分かった。直属の上司が女性になると分かっている企業では、後々のトラブルを避けるためにそのような質問をしていた。

　このように過疎地域では、現在でも男尊女卑の文化が色濃く残っていた。あちらこちらで、「男として」や「女として」の言葉が飛び交っており、男性なら「こう」、女性なら「こう」といったジェンダー意識が、人それぞれの特性を考慮するよりも先にくる。たしかに、男性と女性を区別する意識はあって然《しか》るべきだが、私は長いあいだ、「人として」の表現に慣れていたので、正直なところ未だに戸惑っている。

このように文化威信の序列意識を導入することで、職業威信の序列意識だけは気が付かなかった、隠れた意識も見えてくるのではないだろうか。

たとえば、保守性が残る規範的な地域は文化威信が低くなる傾向にあり、革新性がある選択的な地域は文化威信が高くなる。また、廃屋が点在している地域は文化威信が低くなり、カフェが建ち並ぶ地域は文化威信が高くなる。あの地域にはコーヒーショップの店舗があり、この地域にはないといったことが文化威信の序列意識を決める。このような序列意識を私たちは持っているのではないだろうか。

たとえば、過疎地域では、都心で暮らしている者の提案は、いくらか評価してもらえても、同じ過疎地域で暮らしている者の提案は、まったく評価してもらえなかった。むしろ都心の者のように振る舞う者は目障りであり、いかにして排除するかといった行為につながった。

また、過疎地域はそのほとんどを高齢者が占めているため、何をするにも規範的になる傾向があった。過疎地域には余暇施設やレジャー施設がたくさんつくられていて、運動場や体育館、公園やキャンプ場、草スキー場や釣り場、文化会館や会議室、ゲートボールパークやミニゴルフ場などが点在している。それらの施設は地域活性化の一環としてつくられたわけ

図表25　文化威信の序列意識

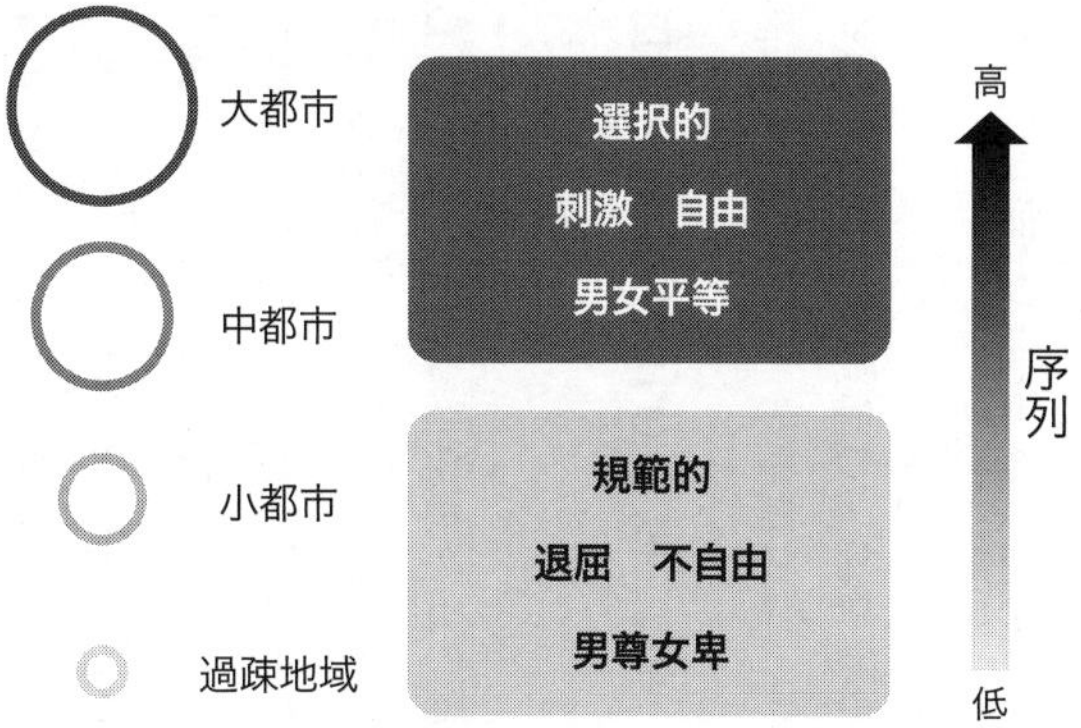

筆者作成

だが、特殊性や刺激を徹底的に排除していた。過疎地域で認められるのはＴＶで放送されているようなメインカルチャーであり、アングラやライブハウスといったサブカルチャーは認められないのである。そのため、特殊なことをしていると「とんでもない」といった具合に、すぐに指導が入って止めさせられる。

たとえば、ゴスロリ系やメイド系のファッションは日本文化として認められていて、フランスの若者にも人気だが、過疎地域の人たちにとっては現在でも異世界の出来事だった。そのような服装をする者は「恥ずかしい者」として認識されて、「止めてくれ」と家族にお願いされるのが常である。

これに対して、都心では、その気になれば

いくらでも「ちょっとヤバイモノ」や、「ちょっとあぶないモノ」と出会える。それらの特殊さが接触することでサブカルチャーがつくられる。そのようにしてつくられたサブカルチャーは、マスメディアにより過疎地域にも伝えられるが、過疎地域は規範的であるがゆえに、それはマスメディアの中で行われている異世界でしかなかった。そのため、芸術分野に興味を持つ若者は、一刻も早く過疎地域から去りたいといった気持ちが強くなる。

都心に若者が流れていく要因として、職業威信の序列意識だけではなく、文化威信の序列意識についても考慮する必要があるのではないだろうか（図表25、前ページ）。

人口流入を拒む三つの壁

過疎地域には、都心との距離に伴う学びの難しさがあり、単純労働に伴う労働環境の難しさがある。また、職業威信の序列意識や、文化威信の序列意識に伴う生活環境の難しさもある。

一昔前なら「都市で上手くいかなかったら田舎に戻ってこい」と言えた。しかし現在は、両親の事業を継ぐなどの特別な事情（安定した収入源）がない限り、都心の行動様式に染まった者が過疎地域に戻るのは難しくなっている。

そこには人口流入を拒む三つの壁があるのではないだろうか。その三つの壁とは、「①利便性の壁　②労働環境の壁　③人間関係の壁」である。これについて順番に述べていく。

①利便性の壁

利便性の壁とは、都心との物理的な距離、精神的な距離、文化的な距離である。現在では、道路整備や格安航空会社、情報通信機器の発達や車両価格の低下などでいくらか改善が見られるが、それでも都心の利便性には遠く及ばないのが現実だ。そのため、通学などに伴う学びの難しさがあり、先にも触れたが、学習意欲の低下につながっている。また、昔ながらの規範や習慣が色濃く残り、文化威信の序列意識にもつながっている。

②労働環境の壁

労働環境の壁とは、単純労働、低賃金労働、長時間労働に起因している。中央政府は過疎地域の雇用を確保するため、工場誘致や公務の一般職で労働者を抱え込んでいるが、単純労働であるため、労働意欲の低下や、学習意欲の低下にもつながる。また、通勤可能な圏内に

図表26　流出の門 と 流入の壁

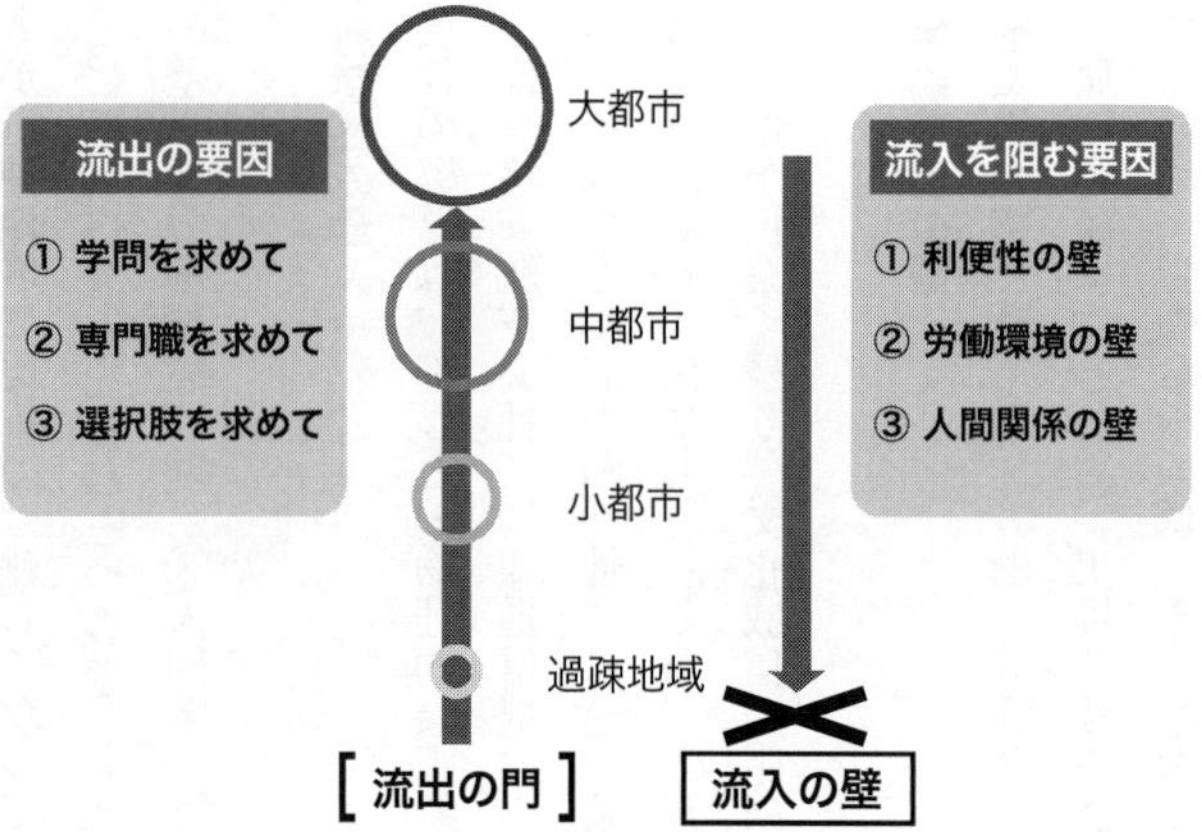

筆者作成

資格やスキルを活かせる職場がないため、職業威信の序列意識にも結び付く。

③ 人間関係の壁

人間関係の壁とは、保守性と閉鎖性に起因している。昔ながらの規範や習慣に従うよう促されるのである。それにより、窮屈さや、不自由さ、他者への依存や、他者への干渉といった、田舎のいやらしさにつながる。

人間関係の壁については、過疎地域に住み込み、過疎地域の人びとと仕事をしていく中で得られる知見であるため、そうした研究は限定されていて、深く触れずに置いておくといった感じになっている。日常生活の中で、どのように田舎のいやらしさが伝えられるのか。どのような仕組みで、田舎のいやらしさが起こるのか。こうした研究はほとんどされていないのが現実だ。

そこで過疎地域に住み込んでいる私が、過疎地域の人びとと仕事をし、そこで生活の糧を得ながら、田舎のいやらしさについての解明を試みた。

第五章　田舎のいやらしさにおける考察

第五章では、過疎地域がどのような社会システムの下で成り立ち、どのような文化システムの下で暮らしが営まれているのかについて、文化人類学の側面から考察し、田舎のいやらしさについての解明を試みる。

なお、田舎のいやらしさを分かりやすく伝えるため、いくつかの事象を野球にたとえて説明している。野球に興味がない方には申し訳ないのだが、分かりやすく伝えるための手段としてご理解を願う。

また、これからいくつかの事例を挙げていくが、田舎であるがゆえに業種などの具体的な明記は組織や団体を特定されやすく、就労させてもらった者として、恩を仇《あだ》で返すようなかたちになるため、可能な限り幅を持たせた表記を心がけている。

民間企業の事例

過疎地域の人びとが持つ、田舎のいやらしさを知るうえで、生活の糧を得るために働くという行為はとても重要だった。なぜなら、「社会とはこういうものだ」「仕事とはこういうものだ」「大人とはこういうものだ」といった窮屈さの中に、たくさんの保守性や閉鎖性が隠れているからだ。そこには面倒くささがあり、不公平感があり、捉えどころのなさがあった。そうした田舎のいやらしさは、下の立場になってようやく分かる知見だった。

私が十二年間のフィールドワークで内部に入り込んだ職場は八つになる。職場を変えるたびに新たな発見があった。その一つとして、ある民間企業での事例を述べておく。

それは鹿児島県と宮崎県に複数の営業所を持つ地域密着型の企業だった。ある地域担当の社員が次々に三人辞めたため、その営業所は半年のあいだ管理者がいない状態が続いていた。そこで、入社したての私が営業所を管理することになった。

その営業所には出社してから退社するまでスマートフォンを弄って、まったく仕事をしないパートの女性がいた。その女性がサボっているのは会社の全員が知っていた。それにもかかわらず、そのまま放置していた。前々から分かっているのにどうして放置しているのか不思議だった。その女性にいくら注意しても、「これまで認められていたのだから」といった感じで、その態度は改まらなかった。そこで上司である部長に解雇するよう訴えたが、「雇用契約の問題がある」との理由で却下された。

これは、パートの女性と部長が男女の関係にあるとかいう面白話ではなかった。会社が解雇という決断を拒んだ結果だった。どうして決断ができないのか不思議で仕方がなかった。その女性は退職者の管理ＩＤとパスワードを使って、自分のタイムカードを都合よく打ち換えていた。会社の備品を勝手に自宅に持ち帰ってもいた。それらの事実が発覚するたび部長に報告していたが、いつも注意のみで終わって女性の態度は改まらなかった。「解雇してほしい」と六カ月間にもわたって訴え続けて、社内情報を社外に漏らしている事実を報告して、ようやく解雇となった。

また、その企業では毎週木曜日に非正規も含めた全社員が集まり会議が行われていた。そこでは誰一人として物事を決めようとしなかった。決定権を持つ幹部でさえ、その決定権を行使しないのである。案件ばかりが提出されて、何一つ採決されずに会議が終わった。インセンティブについて二年程前から繰り返し議論されており、そろそろ決めなくてはいけないという共通認識があるにもかかわらず、何も決められずにいた。雑多な業務が山積みになっている中で、どうしてこのような無意味な会議を繰り返すのか分からなかった。都心であれば数日で決められることが何一つ決められないのである。

会議には大きく分けて二つある。一つ目は、情報を共有して意思決定をする会議である。相手もしくは第三者に説明し、いくつかの選択肢の中で、どの選択肢がよいか論理的に話し合う。これにより組織の目的が定まる。二つ目は、組織の者たちが仲よくなるための会議である。共感を通じてお互いに好意を持つことで団結心が生まれる。ときには、より強く団結するため、反感や怒り、敵意といった感情も入り混じる。これにより組織の敵が決まる。

その民間企業の会議は、そのどちらでもあって、そのどちらでもなかった。決めたいけれども何も決められないといった具合だった。これはその民間企業だけが持つ企業文化というわけではなかった。他の過疎地域の民間企業でも、ほとんどの会議は意思決定がないまま終わっていた。

しばらくしてその理由が分かってきた。それはつまり、「何も決められない」のではなかった。「あえて何も決めない」という、ひたむきな努力の結果だった。何かを決めるという判断は、責任問題が伴う。過疎地域の人びとは責任を負うことを極端に嫌がる傾向があった。たとえば、半年のあいだ管理者がいない状態が続いた責任は、退職した者の責任として扱われていた。入社したての私に営業所の管理を任せたのは、営業成績が悪くても他者に言い訳ができるからだった。まったく仕事をしないパートの女性を辞めさせるのに六カ月を要したのは、問題を先送りにしながら責任を回避できる落とし所を探るためだった。そのため、決定権を持っている幹部でさえも、その決定権をあえて行使しないのである。

都心で暮らしている者からすれば、おかしな話に思われるかもしれないが、過疎地域では誰も責任を負わずに済ませる配慮が必要であり、そうした配慮こそが過疎地域の人びとと上手く付き合っていく術でもあった。

相互行為システムとは何か

この民間企業の事例は、都心で暮らしている者には分かり難いかもしれないが、過疎地域の人びとが持つ思考の在り方を探る手掛かりとして参考になった。それはつまり、相互行為

図表27　相互行為システム

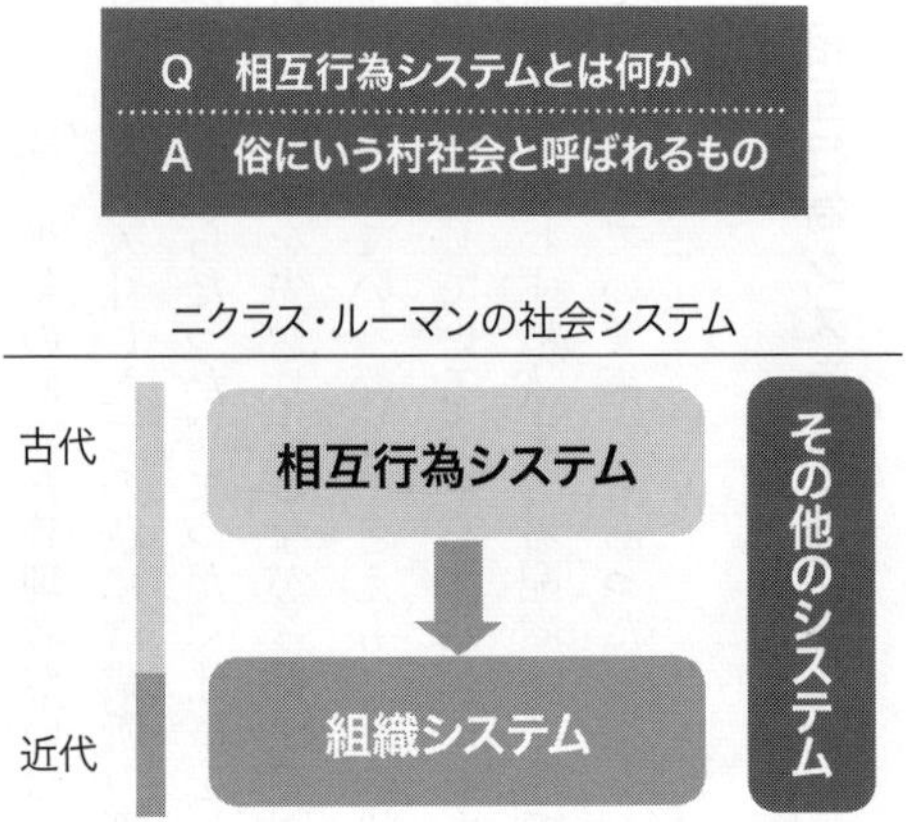

筆者作成

システムと呼ばれる概念だった。

それを教えてくれたのは文化人類学者の北村光二［2014年］である。北村は岡山県の白石島《しらいしじま》での研究を通して相互行為システムについて述べている。その相互行為システムを過疎地域に当てはめたとき、漠然としていた過疎地域の正体が掴めるようになった。

私たちの社会には相互行為システムと、組織システムと呼ばれるシステムが存在している。これはドイツの社会学者であるニクラス・ルーマン［1993年］が提唱した概念であり、社会学の基礎になっている（図表27）。この概念は未開発地域と開発地域の差異を探る手掛かりとして文化人類学でもよく使われている。

相互行為システムとは、俗にいう村社会と呼ばれる形態である。動物社会とも共通する基礎的な社会形態とされている。かつて人間が社会をつくるうえで相互行為システムは欠かせなかった。古代の群居的な社会から近代社会に向かう道筋のあらゆる段階で確認されるシステムである。そこではもっぱら経験に基づく直感で物事に対処している。経験や伝統が重視され、合理性や効率性は軽視される。そのような社会では、大局的な視点で物事を捉える戦略家の地位は、おのずと低くなる。学歴や資格に価値はなく、むしろそれらを持っている者は何もできない者として認識される。そのため、組織に所属している全員が物事に直接的に対処する戦術家となる。

戦術家とは、スポーツの世界に当てはめるなら選手である。プロ野球の打者なら次の球種がストレートなのかカーブなのか、内角なのか外角なのかを経験に基づいて予想し、自らのスキルと照らし合わせて瞬発的に対応する。投手なら相手打者を観察し、自らの球威や球種と照らし合わせて打者のタイミングを外す。戦国の世なら相手が所持している武具を観察し、置かれている戦況を把握したうえで、経験に基づいて目の前の敵兵を屈服させる。ハンターなら土地の高低差や風向き、動物の種類やその仕草から状況を把握し、経験に基づいて獲物を狩る。このように戦術家はどのようにしてその場で対応していくかが問われる。

その一方で戦略家とは、スポーツの世界に当てはめるなら監督である。プロ野球の監督ならシーズンを通して、誰を、いつ、どこに、どのように配置し、それにより、どのような効果が得られるのか、大局的な視点で考える。目的を達成するための選択肢が無限にある中で、ヒト・モノ・カネ・情報・時間などの限られた資源を有効活用し、組織全体の効率を上げる。つまり、何をして、何をしないかを明確にし、目標を達成するためのストーリーを描く。戦国の世なら黒田官兵衛や諸葛亮孔明のような軍師のことであり、物事が動いたときには、大半の仕事が終わっているのが一般的である。

つまり、組織システムは〝戦略〟に基づく社会であり、相互行為システムは〝戦術〟に基づく社会である。そのため、相互行為システムでは、目標を達成するためのストーリーを描くことができず、何をして、何をしないかが不明確になる。あちらこちらから「あれをやろう」とか、「これもやろう」とか、「それもやろう」といった意見がたくさん出てくる。それらの意見は参加者全員の賛同を必要とし、一人でも拒否する者がいたら物事が進まなくなる。こうして都心であれば数日で決められることが、過疎地域では決められなくなる。それを強引に動かそうとすると「勝手に決めやがって」といった具合に軋轢《あつれき》が起こる。その軋轢は感情の縺れとなり、派閥争いのようなかたちで深刻化し、誰かしらの責任問題に発展していく。

そのため、過疎地域で物事を決める場合は、中止と再開を繰り返しながら、時間をかけて落とし所を探るしかなかった。

この相互行為システムの欠点を解消するために現れたのが組織システムである。組織システムは、相互行為システムを経て現れた社会システムであり、庶民に浸透したのは近代に入ってからである。

組織システムでは、それぞれの者に明確な目的や役割が与えられている。それに応じた決定権や責任も与えられる。経験に基づく直感はいくつかある判断基準の一つとして扱われ、もっぱら合理性に基づいて物事を判断している。そのような合理主義的な社会では、学歴や資格は経験と同じか、それ以上の価値を持つ。そのため、戦略家の地位が高くなる傾向があり、一部の戦略家が多くの戦術家を上手く使う術を心得ているのが一般的である。現在、問題への共同対処を合理的に実行するうえで最も優れた社会システムとされている。

また、ドイツの社会学者であるマックス・ヴェーバー〔１９７２年〕は、「社会学の根本概念」として、合理性の観点から社会的行為を四つの類型に分けている。最も合理的なのが「目的合理的行為」、その次が「価値合理的行為」、次が「感情的行為」、最後が「伝統的行為」の順である。

図表28　過疎地域と都心の違い

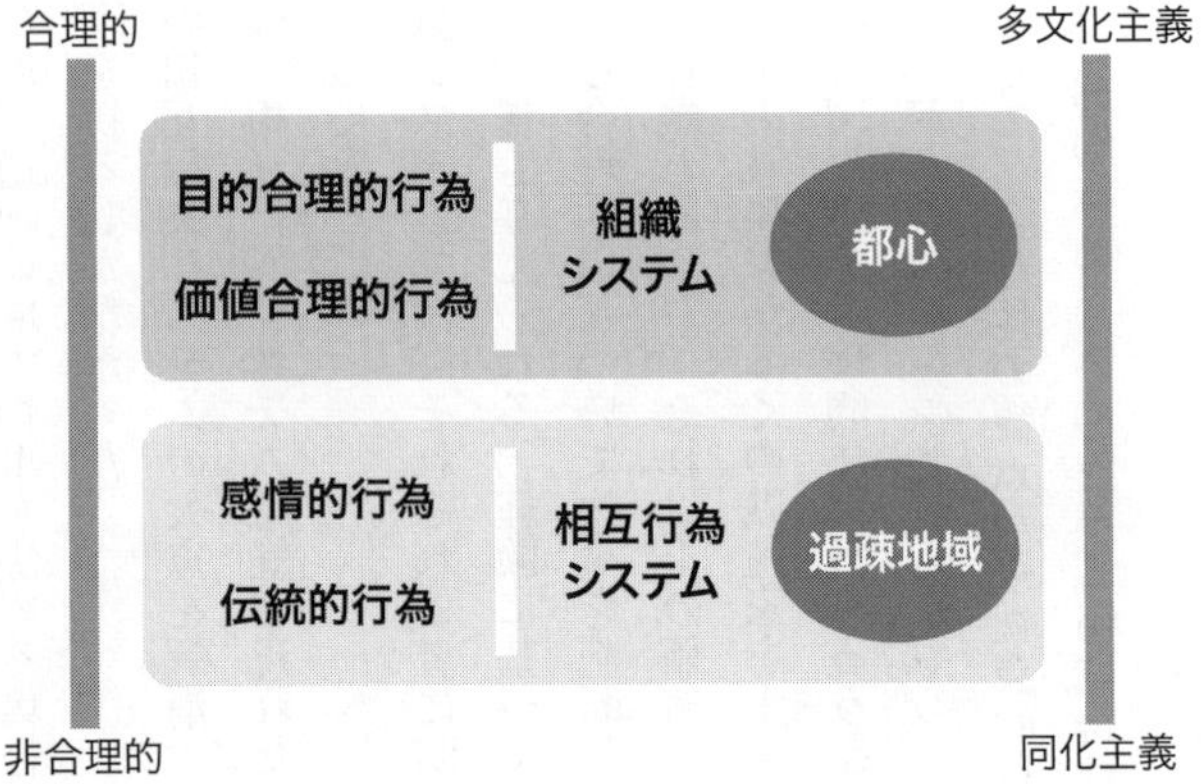

筆者作成

これらの社会的行為を組織システムと相互行為システムに当てはめた場合、組織システムが「目的合理的行為」と「価値合理的行為」で、相互行為システムが「感情的行為」と「伝統的行為」となるだろう。

さらに文化人類学の観点から多文化主義と同化主義を付け加えた場合、上のような図ができあがった（図表28）。

このように先人の知恵を借りて分類することで、漠然としていた過疎地域の正体が掴めるようになった。

もちろん先進国では合理性に基づく組織システムが主流になっている。そのため、日本の過疎地域においても同じだと思いがちだが、それが違うのである。過疎地域には相互行為システムが根付いており、「社会とはこういうものだ」「仕事とはこういうものだ」「大人とはこういうものだ」といったかたちで継承されていた。何より、過疎地域の人びとは相互行為システムに慣れ親しんでおり、そこに居心地のよさを感じていた。

つまり同じ日本であっても、過疎地域には相互行為システムがあり、都心には組織システムがあり、それぞれ異なったシステムを使っている。

これは日本に限ったことではなく、アメリカの過疎地域であっても、イギリスの過疎地域であっても同じだった。つまり、私たちの社会には組織システムと相互行為システムが混在している。

私たちはついつい日本社会はこうだとか、アメリカ社会はこうだとかいった具合に国家的な視点で社会システムを捉えてしまいがちである。そのため相互行為システムと組織システムの違いが捉えづらくなっているのではないだろうか。

他者への依存

Ⅰ　依存による合理性

組織システムには勝ち負けといった明確な競争が存在し、戦略家は目標を達成するためのストーリーを描いている。そのような組織システムに基づく組織と、相互行為システムに基づく組織が戦った場合、組織システムに基づく組織が勝つ。組織システムに基づく組織が、世界各地の相互行為システムに基づく組織を蹂躙《じゅうりん》したことは、歴史が明確に証明している。

そのため、相互行為システムに基づく組織は、組織システムに基づく組織に対して、いかに依存するかが重要になる。とくに国民一人一人の権利が保障されている民主主義の社会では、あえて依存することで逆に物事が有利に運ぶ側面がある。補助金事業はそうした他者への依存を上手く利用して収入を得ていた。

私たちはついつい、合理性に基づくシステムが整っていないと商売は成り立たないと考えがちだが、大きなお得意先が一つか二つあれば商売は成り立つ。過疎地域には縁やつながりの強さがあり、中央政府といった大きなお得意様がいる。その中央政府の補助金に対していかに依存するかが重要であり、むしろ依存するしか選択肢がなかった。

それは農地確保に伴う農林水産省であったり、教育環境に伴う文部科学省であったり、防災に伴う総務省であったり、高齢者医療に伴う厚生労働省であったり、道路整備に伴う国土交通省であったり、箱モノ建設に伴う経済産業省であったり、自然保護に伴う環境省といった具合である。

そのため、過疎対策法の焦点は、いかにして過疎地域の依存を減らし、どのようにして主体性を持たせるかに置かれている。旧法の名称は過疎地域自立促進特別措置法であり、その自立促進の文言を持続的発展に置き換えたのが新法である。自立促進にせよ、持続的発展にせよ、それはごもっともな主張であり、まったくもって正論である。

しかしながら、相互行為システムに基づく過疎地域は、組織システムに基づく都市には決して勝てないのである。これを野球にたとえるなら、都市は監督のいるプロ野球チームのようなものであり、過疎地域は監督のいない草野球チームのようなものである。まったく勝負にならないどころか、まともな試合すらおぼつかないのである。つまり、都市と過疎地域は対等に戦えないのだから、中央政府がいくら自立促進や持続的発展を訴えても、そのようにはならないのである。

農業経済学者の安達生恒は、こうした過疎地域の現状〔1973年〕について、私とは違う

図表29　過疎化の実態

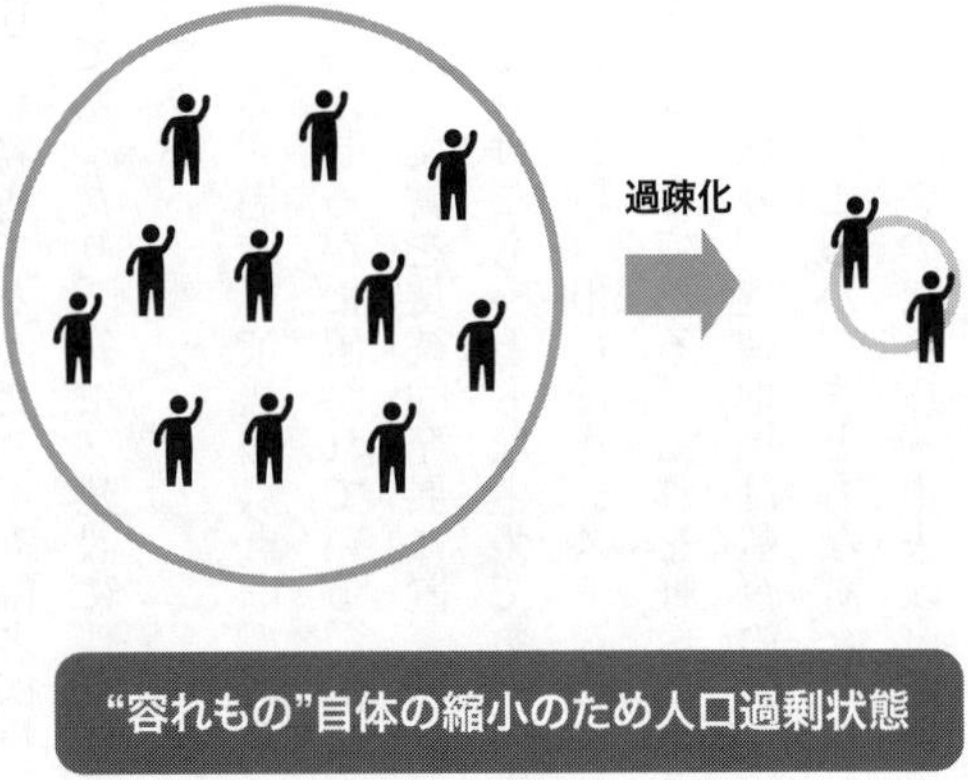

筆者作成

視点で次のように述べている。

「奇妙な表現だが、〝過疎のなかの過密〟という問題である。〝容れもの〟の維持が困難となり、さらに〝容れもの〟自体が縮小すると、〝中身〟がさらに減るというプロセスをこれまで説明してきたのであるが、これをいいかえてみると、中身がさらに減らざるをえないということは、容れものが小さくなったために中身が入りきれなくなったということを意味する。中身が入りきれない状態とは、一種の過密状態にほかならない。過疎地帯では、人口や戸数がどんどん減っていくにもかかわらず、人口収容力（生産力と社会的施設）からみて、なお人口過剰なのだ。過疎化とは、ただたんに人口が減りすぎるということだけではない。減りすぎたと思われる人口でさえ、〝容れもの〟自体の縮小のために、そこで生活できなくなるという悪循環過程が、実は過疎化の実態にほかならないのだ」（『〝むら〟と人間の崩壊』、三一書房）

過疎地域の人口減少は五十年以上にわたって続いていて、現在では人口の三分の一を高齢者が占めている。〝容れもの〟が縮小していく中で他者への依存は生き残るための知恵であり、最も合理的な選択でもあった。

誠に奇妙な話なのだが、非合理的であることが、過疎地域の合理性を生み出しているのである。

2　依存による非合理性

この他者への依存は様々なかたちで過疎地域に浸透していた。中央政府への依存、地方自治体への依存、所属組織への依存、家族への依存、知人への依存、部下への依存などである。

たとえば、鹿児島県では焼酎のお湯割りが好まれて飲まれているが、そのとき地位の低い者がそれをつくる役目を負っていた。それにより、集団意識が高まると考えられているわけだが、自分で飲む物を自分でつくらないといった行為は、他者への依存を促進させている側面があった。

たとえば、過疎地域では、たとえ一人でできる作業であっても、あえて分担して作業を行う傾向があった（図表30）。書類を持って行くだけの作業を、あえて二人で行うといったことはよくある。また、伝票の集計作業を行うとして、「A＋B＋C＋D＋……」と言う者、計算機を叩く者、合計を紙に書く者、といった具合に一人でもできる一連の作業を、あえて分担する。

組織システムの都市では、競争意識に基づく同量分担が基本である。一人一人が各自の判断で作業し、それぞれが競争意識を持つよう工夫している。それにより効率的な者と非効率的な者が明確になり、全体の作業効率が上がる。これに対して相互行為システムの過疎地域では、集団意識に基づく適当分担が基本だった。一人一人が同じ枠組みの中で共同作業し、それぞれが集団意識を持つよう工夫していた（図表31）。

そうした共同作業は、ああ思う、こう思うといった直感で分担が決まるため、割り振られる作業量に大きな差があるのが一般的だった。そのため、過疎地域には「やってもらった

図表30　一人で行う作業

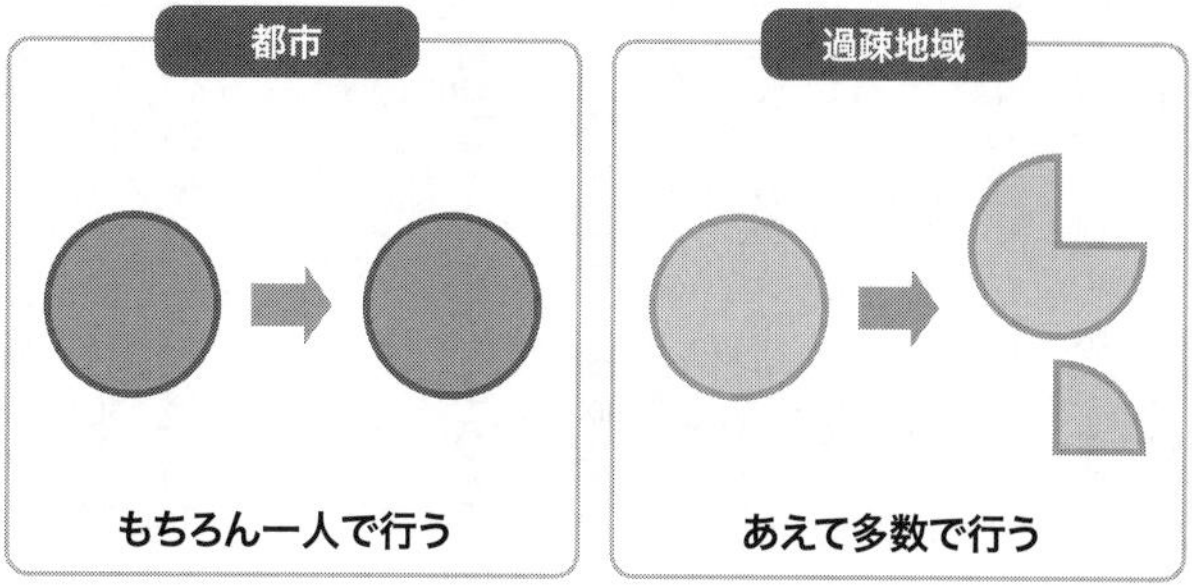

筆者作成

図表31　多数で行う作業

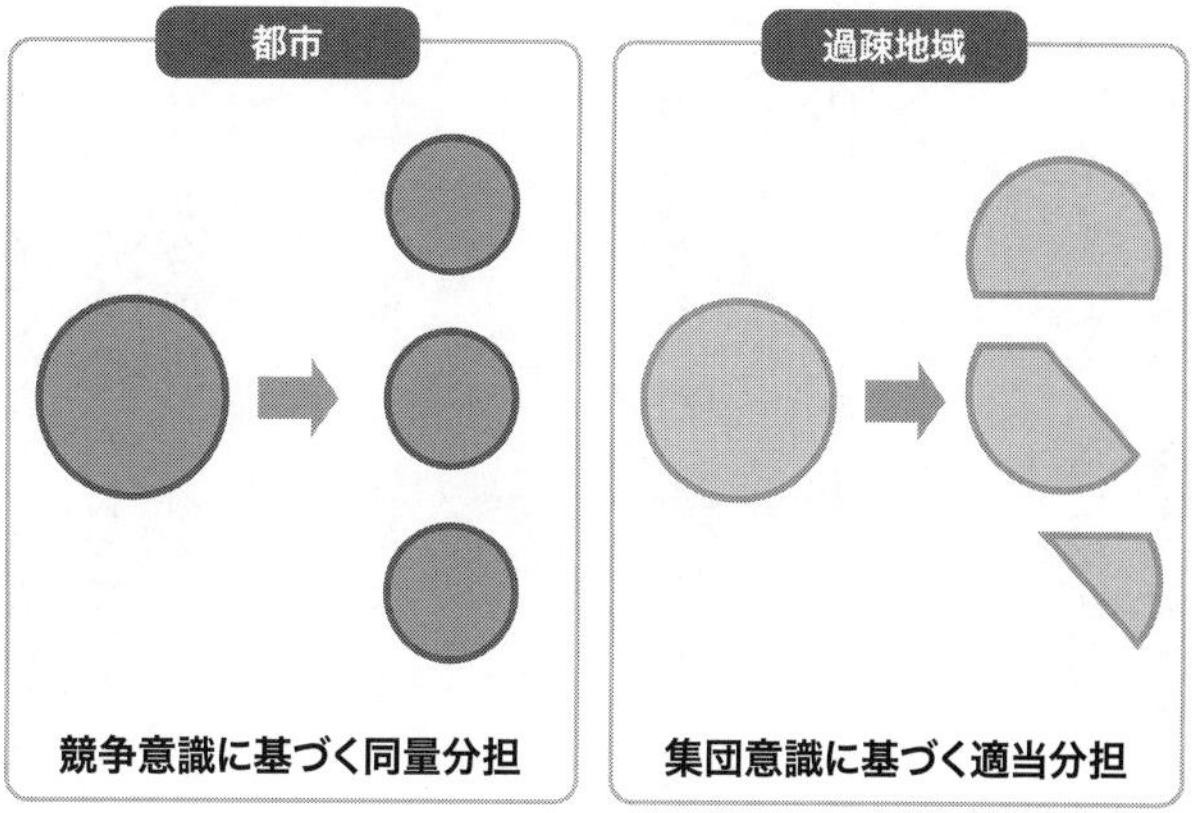

筆者作成

り」「やってもらったり」「やってもらったり」するのが当たり前になっている者が一定数いた。ときには、「どうしてもっとやってくれないのか」といった不満さえ持っていた。つまり、田舎のいやらしさの一つとして、他者への依存に伴う、非合理性があるのではないだろうか。

草野球チームのようなもの

1　人員不足に伴う曖昧さ

相互行為システムに基づく過疎地域は、草野球チームのようなものだった。そのように捉えることで、漠然としていた過疎地域の正体が掴めるようになった。

たとえば、このような草野球チームでは人員が常に不足しているため、すべてのポジションにつくことが要求される。「私はピッチャーだけやります」や、「私はショートだけやります」というのは許されない。

それは過疎地域の職場も同じだった。「私は事務だけやります」や、「私は接客だけやります」というのが許されなかった。頭を使うオフィスワークと、体を使う肉体労働を兼ねている職場が一般的であり、作業に集中できないため作業効率が悪くなる。

そのような職場では業務の幅が限りなく広くなり、たとえ優秀なスキルを持っていたとしても、それを使う余裕がない。それぞれの得意分野を活かすような適材適所が叶わないのである。それよりも、やる気がある者がいるのか、いないのか、が大切だった。草野球チームとして、キャッチャーを〝やる気〟がある者がいるのか、いないのか、という問題である。

つまり、キャッチャーを〝やれる者〟がいるのか、いないのか、といった意識は低かった。過疎地域ではプロフェッショナルを求めていないのである。

また、そのような職場では、人員不足を補うために組織としてのまとまりを重視していた。郷土愛や愛社精神を尊び、集団意識を高める共同作業に価値を置いていた。そうした共同作業はポーズとしての要素が強く、合理性や効率性を無視していた。共同作業は他の何よりも価値があるといった規範のようなものだった。その共同作業から逃れる行為は「とんでもない」ことであり、絆とか、助け合いとかいった言葉で一方的に叱られるのである。

また、その集団意識は同じ組織に所属している限りにおいて有効であり、守られる対象となるが、組織から離れた時点で裏切り者として認識される。たとえば、業務上の責任を、退職した者に押し付ける手法がよく使われていた。

そのような責任の押し付けができる背景として、過疎地域では、業務範囲が限りなく広くなるため、〃責任〃の所在が曖昧になる点が挙げられる。他者に責任を押し付けることが容易であり、「すべてあいつの責任だけど、辞めた者のことは仕方がない」といった具合に誰もが納得できる落とし所として利用されていた。

また、上の立場の者が、下の立場の者に面倒な業務を押し付けるのは、よくある職場風景だった。「すべてお前の役割だ」といった具合に、業務上の権限を与えることなく、面倒な役割を丸投げするのである。そのような業務の押し付けができる背景として、過疎地域では、業務範囲が限りなく広くなるため、〃役割〃の区分が曖昧になる点が挙げられる。つまり、田舎のいやらしさの一つとして、人員不足に伴う、責任や役割の曖昧さがあるのではないだろうか。

2　自発性に伴う不条理さ

草野球チームには戦略家である監督はいなかった。たとえ企業の経営者であっても一人の選手でしかなかった。監督がいなくても野球はできる。誰かが投げて、誰かが守って、誰かが打つ。

企業の中で上の立場の者は、お茶でも飲みながらベンチで戦況を眺めている。下の立場の者たちがチャンスをつくったところで、「代打オレ」といったかたちでバッターボックスに立つ。そこで経験に基づくバッティングをすることで、まわりがなんとなく付いていく構造になっていた。結果として、下の立場の者はチャンスメイクをするだけの損な役割を担う。

たとえば、下の立場の者が顧客と商談を進めて下準備を整える。いよいよクロージングの段階に入ったところで、上の立場の者がやってきて、値引きのカードを出す。その値引きの権限を下の立場の者に与えないことで、上の立場の者がチャンスでバッターボックスに立つ権利を得ていた。このとき、下の立場の者が勝手に値引きを決めると、上の立場の者はあからさまに嫌な顔をする。そのため、下の立場の者は、「どうぞ今です」といった具合に、上の立場の者に値引きカードを出させるといった面倒くささが必要だった。

また、草野球チームでは、それぞれの選手は、それぞれの判断で自発的に動く。勝手に盗塁をしてみたり、勝手にバントをしてみたり、その場その場の直感に従って勝手に動く。過疎地域の人びとも、それぞれの直感に従って自発的に動いていた。誰一人として戦略家の指示に従おうとはしなかった。なぜなら、大局的な視点を持つ戦略家に価値はなく、むしろ使えない者として扱われるからである。

過疎地域で価値があるのは、経験に基づくコツといった戦術家の視点だった。そうしたコツは、同じ立場、同じモノ、同じ環境下でその力を発揮できる。それらの条件が変化するとたちまち力を発揮できなくなる。そのため、管理された状態を極端に嫌う傾向があった。下手に管理しようとすると、すぐにヘソを曲げてふてくされるのである。管理された状態が苦手であるから、おのずと管理することも苦手だった。たとえ管理者の立場になったとしても、過疎地域の人びとは、自らの環境を自らの都合のよいように勝手に整えるため、自発性を尊重して下手に口を挟まない方が、全体的に上手くまわるのである。

ちなみに、中央政府が過疎地域に求めているのは「主体性」である。「主体性」と「自発性」の言葉は、国語辞典で調べてもほぼ同じ意味で記載されており、「他からの影響や強制などではなく、自己の内部の原因により行われること」といった内容になっている。そのため、違いが分かりづらいのだが、「自発性」とは、直感に従って勝手に動くことであり、「主体性」とは目的意識や思考深さを伴って動くことである。

その自発性は、サービス残業やサービス出勤に正当性を与えていた。労働者が自らの意志でそれを行う限りにおいて、止めうる手段がないのである。そして、それが一つの規範となり、すべての労働者が従うようになる。こうした自発的なサービス出勤やサービス残業は、過疎地域の日常的な職場風景だった。

そして、ここからは少しややこしい話になるのだが、下の立場の者は業務を任せてもらえることを意気に感じて低賃金でも頑張るが、権限を与えられていないので、上の立場の者から事前報告や中間報告や事後報告を求められる。下の立場の者はミスが起こらないよう、事前確認を各方面にし、中間確認を各方面にし、事後確認を各方面にする。私も働いていてよく分からなくなるのだが、すべてを任せながらも任せていないといった感じで、アクセルとブレーキを同時に踏んでいるかたちになる。

また、上の立場の者は直感で指示を出すので、通常であればやらなくてもよい作業を、あえてやることもあり、おのずと雑多な作業が増える。作業分担ができていないので、一つの作業に人数が集中し、その他の作業を誰もやらないといった事態にもなる。

このとき、過疎地域の人びとが効率を考えていないかといえば、それは違った。たとえば、野菜を素早く数えて取り分けるとか、魚を素早く処理してより分けるといった、戦術的な分野では効率を考えていた。ただし、目の前に次々と現れる業務を、その場その場の直感に従って処理しているため、戦略的な部分でモレが出てくる。そのモレをなくすための確認作業がダブるため、サービス出勤やサービス残業が必要だった。過疎地域ではモレとダブリが大量に発生するのが通常だった。

しかも上の立場の者と、下の立場の者との給与格差は倍近くあるのが一般的であり、その大きな格差は年功序列として抗いようがなかった。長年組織に所属し、不遇な期間を乗り越えて、ようやく気楽なポジションを得られた。

これらの構造を修正しようとすれば、「社会とはこういうものだ」「仕事とはこういうものだ」「大人とはこういうものだ」といった言葉で叱られるのが常だった。その社会とか、仕事とか、大人とかいうものに明確な定義があるわけではなかった。それは、管理者の都合ですべてが決まるという規範だった。つまり、田舎のいやらしさの一つとして、自発性に伴う、労働環境の不条理さがあるのではないだろうか。

3　労働環境についてのインタビュー

過疎地域在住の男性に、労働環境についてのインタビューを行った。前もって伝えておくが、このインタビューで得られた情報は例外ではなく、過疎地域ではよくある事例である。

南大隅町出身、南大隅町在住（四十五歳）。

Q「職業を教えてもらえますか」

A「現在は無職です」

Q「たしか、鹿児島市内のスーパーにお勤めでしたよね」

A「はい、そうです。鹿屋市の商業高校を卒業して鹿児島県の全域に店舗を構えているスーパーに就職しました。でも五年前に退職して今は無職です」

Q「退職の理由はなんでしょうか」

A「そこは内緒でお願いします」

Q「承知しました。それでは労働環境について教えていただけますか」

A「そうですね。まずサービス残業は当たり前です。雑務が多いのでいつも人手不足で帰りたくても帰れません。帰ろうとしたら、もう帰るんですかと言われます。休みの日に研修や会議を入れられるので、休みがあってないようなものです。有給休暇も消化しないのが当たり前です。有給はどんどん溜まっていくもので、そのまま消化しないで退職するのが一般的な流れです。それは私の勤めている会社だけでなくて、友人が勤めている会社も同じです。どこもそうなので従うしかないです」

Q「鹿児島市でもそうですか」

A「滅私奉公というんですかね。それが美徳になっているところがあって、経営者もそうした働き方を望んでいますからね」

Q「働き方改革のようなモノはなかったのですか」

A「ないですね。それはヨーロッパとかの話ですか、といった感じですね」

Q「私も過疎地域で働いているのでよく分かります。有給消化については年間五日間の消化義務が法制化されましたが、有給休暇を申請してサービス出勤するといった流れになりますよね」

A「そうですね。間違いなくそうなりますね。そうしないと業務がまわらないですからね」

Q「他に何か面白い話はありますか」

A「そうですね。あとは求人募集が嘘といったことですかね」

Q「嘘というと」

A「求人募集の欄にいくらからいくらまでといった給与表記がされてますが、誰であろうと最低賃金から始まります。交通費全額支給と表記されていても実際は半額支給です。こうした表記方法はいくら指摘しても改まらないですね」

図表32　業務形態の違い

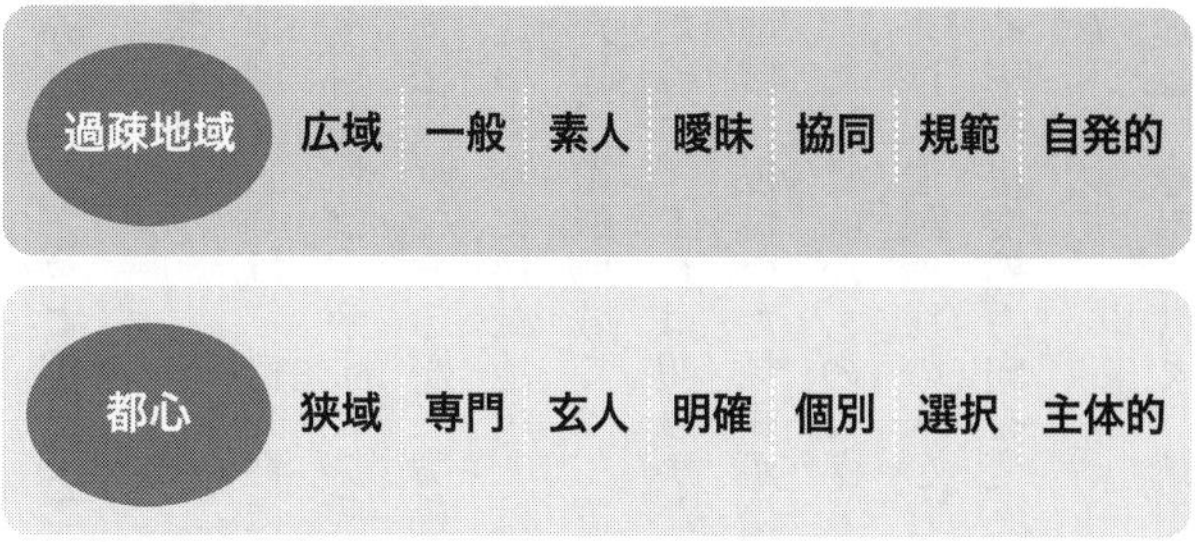

筆者作成

Q「田舎のあるあるですね」
A「あるあるです」

私はこの他にも似たような話をたくさん聞いている。過疎地域では人員不足をその根拠として、部下への依存が目立った。部下に業務を丸投げして、すべての責任を負わせるのである。インタビューの最後にも述べているが、民間企業の労働基準法違反は過疎地域のあるあるだった。

その一方で競争が存在しないという気楽さがあるのも事実だった。ゆっくりと時間をかけて業務を進めていれば、いずれは終わるといった気楽さである。組織システムではそれを悪しとするのだろうが、相互行為システムではそれをよしとするのである。

分かりにくさと捉えどころのなさ

1　規範文化

過疎地域の企業は、自発性にすべてを委ねることで直面する業務に対応していた。自ら進んで行う自発性は、サービス残業やサービス出勤に正当性を与える。本来ならそれは明確な労働基準法違反であるが、労働者が自らの意志でそれを行う限りにおいて、止めうる手段がない。このように過疎地域ではコンプライアンス（法令順守）の概念がとても薄い。

たとえば、過疎地域では、運転中であっても業務にかかわる着信があったら通話に出るのが常識だった。これは明らかな道路交通法違反だが、過疎地域ではたびたび改正される法よりも、地域に根付いた規範が優先される傾向があった。そうした規範は、ああ思う、こう思うといった感覚的なものであり、捉えどころがないものだった。

たとえば、過疎地域の人びとは方向指示器を使わず、いきなり右折や左折を行う。前を走っている車両が突然方向を変えるので、私はいつも驚いてしまうのだが、それはよくある風景だった。

飲酒運転の意識も薄く、焼酎を飲んで運転していることを自慢する者もいた。また、本人確認書類として免許証の提示をお願いしたときに、車両で来ているのに免許証を持っていないことがよくあった。そのため、過疎地域では都心と同じ比率で交通事故に遭遇する。「明らかに交通量が少ないのにどうしてだろう」といった疑問を持っていたが、その理由がようやく分かった。

たとえば、災害などで農家に支払われる補償金制度が厳格になるのは、コンプライアンスの概念が薄いからではないだろうか。補償条件の項目に、「一粒でも刈り取った場合は補償の対象外とする」といった内容を盛り込んでおかないと、「これくらいよいだろう」が積み重なって収拾がつかなくなるのではないか。

宅地建物取引業法では、宅地建物取引業者は従業員五人に対して宅地建物取引士一名を置くよう定められているが、資格の価値が低い過疎地域ではまったく守られていなかった。同じく宅地建物取引業法では、各住宅展示場に宅地建物取引士一名を置くよう定められているが、これも守られていなかった。宅地建物取引士の資格試験は毎年行われているが、社員全員もれなく不合格というのが毎年の恒例行事だった。また、不動産取引においても詐欺まがいの手法が平然と行われていた。たとえば、土地の売買において仲介手数料の要らない直接取引であるにもかかわらず、あえて知人の仲介業者を挟んで仲介手数料を取っていた。

　また、過疎地域では資格を持たない者が、中途半端な知識で個別具体的な相談業務を行うこともよくある。その結果として、たとえば野球ならパスボールを繰り返して捕球できなかったといった不利益を相談者はこうむるのだが、やる気があるのか、ないのかが問われる過疎地域では、やる気があることが大切だった。また、資格を持たない者が代行業務を行うこともある。たとえば、社会保険労務士資格のない者が、社会保険の手続きを代行したり、行政書士資格のない者が、農地法第五条の転用許可申請を代行したり、税理士資格のない者が税務書類の作成を代行したりしていた。こうした行為は明確な業法違反であるが、資格の価値が低い過疎地域では、規範として許される傾向があった。

　ちなみに、都心で生活していたことのあるハローワーク職員に、過疎地域の人びとの特徴について尋ねたところ、次のように答えが返ってきた。

　「こちらの人は決まりを守らないですね。東京ですと、まわりの人を気にしながら決まりに従って円滑に行動するよう努めますが、こちらの人にはそういう感覚がないですね」（早稲田大学卒の四十代男性）

2　口頭文化

過疎地域の人びとが決まりを守らないのは、自発的に規範をつくり、自発的に行動することを求めているからである。そのため、マニュアルの価値はとても低かった。ほとんどの物事は口頭で伝達されて、その場で見て覚えるといった手法が取られていた。たとえ、マニュアルがあったとしても、それはとても簡素につくられていて、作成者しか分からないような書き方がされていた。そこで、新たにマニュアルをつくったとしても、過疎地域の人びとは自分のやり方を貫き通すため、あってないようなもののように扱った。

たしかにマニュアルがすべてというわけではないが、マニュアルがないことで、いつの間にか自分にとって都合のよい解釈をし、それぞれ違うやり方を始める。マニュアルがないことで、言い間違いや聞き間違い、勘違いといったミスが起こりやすくなる。マニュアルがないことで、役割や責任の所在が曖昧になる。マニュアルがないことで、従業員が入れ替わるたび口頭で伝える手間が増える。マニュアルがないことで、新しく入ってきた従業員は右往左往する。マニュアルがないことで、業務に慣れるための期間がおのずと長くなる。マニュアルがないことで、業務に従事した期間に価値が置かれる。マニュアルがないことで、経験に基づくコツが何よりも重視される。

つまり、こうした口頭文化が、知っている者と、知らない者という上下関係を規定し、田舎のいやらしさにつながっていた。

また、過疎地域の人びとはタイムスケジュールもつくろうとはしなかった。それは曖昧なかたちで上の立場の者の頭の中にあった。そのため、下の立場の者は右往左往することになる。

たとえば、官公庁が主導するプロジェクトに参加したときのことである。関係者への郵送業務の際に、上の立場にある者が、発送予定日から逆算してタイムスケジュールを組まなかったため、早めに封入作業を終わらせようとする者と、発送日までに封入作業を終わらせようとする者とのあいだで衝突が起こった。そして、その衝突はタイムスケジュールを組まなかった上の立場の者の責任ではなく、衝突した下の立場の者の責任として扱われていた。

また、関係者に伝える情報の内容が曖昧な状態で封入作業を進めるため、用紙を封筒に入れた後に、用紙の追加が行われて、三度も用紙の入れ直しを行った。しかも、この作業はこれで終わらなかった。封入後に記載情報のミスが発覚し、コピーのやり直し、用紙の入れ直しが発生した。結局のところ、コピー六千枚と三度の入れ直し作業が無駄になった。定期的に官公庁から送られてくる書類がくたびれていて、「どうしてこんなにヨレヨレなのだろう」

といった疑問を持っていたが、その理由がようやく分かった。

その一カ月後である。二度目の発送作業が行われた。前回の発送で封入する用紙は決まっていたため、さすがに用紙の追加はなかったが、封をし、計量まで済ませた後にまたもや記載情報のミスが発覚し、コピーのやり直し、用紙の入れ直しが発生した。これによりコピー一万五千枚と封書、そしてこれまでの作業が無駄になった。

結局のところ、こうしたミスは官公庁の職員の残業で埋め合わせるのだが、その残業代や事務用品の損失は中央政府から支払われる。そして、監査組織はこうした事務の不適切な執行について、たとえ監査請求があっても受け付けないのである。

こうしたミスの責任の所在については、都心と過疎地域ではずいぶん違った。たとえば、業務指示は上司から部下に伝えられるものだが、業務ミスがあった場合、組織システムの都心では、伝える者の責任として扱われる。なぜなら、それは上司としての戦略上のミスになるからで、上司の伝え方が悪かったということになる。

しかし、相互行為システムの過疎地域では、伝えられる者のミスとして扱われる。なぜなら、それは部下としての戦術上のミスになるからである。このとき、部下は頭が悪い、勘が悪いといった理由で叱られる。

実際に今回の官公庁の発送業務について、その部下は、原本を上司に見せて情報の確認を行っていたにもかかわらず、すべての責任を負っていた。

つまり、こうした口頭文化が、下の立場の者に大きなプレッシャーを与え、田舎のいやらしさにつながるのではないだろうか。

3　エスパー文化

過疎地域では、新しく入った従業員に業務内容を教えるとき、会社独自の風習や仕組みについて知っていて当たり前といったふうで話すことがよくある。そのため、どの部署にどのような人がいて、どのような仕事をしているかを誰にも教わることなく知っているといった、さながらエスパーのような予知能力を求められる。このとき、「分からないです」と言えば、「こんなことも分からないのか」といった反応が返ってくる。つまり馬鹿にされるのである。そのため「分からないです」と言えなくなり、知っているふうな態度を取るようになる。

たとえば、ある日のことである。私は高速道路の入口を探していた。高速道路を指し示す道路標識がどうしても見つからなかった。路地を歩いている人に道を尋ねると口頭で答えてくれず、指で方向を示すだけだった。そのため次の交差点でどちらに曲がったらよいのか分

図表33　過疎地域の価値基準

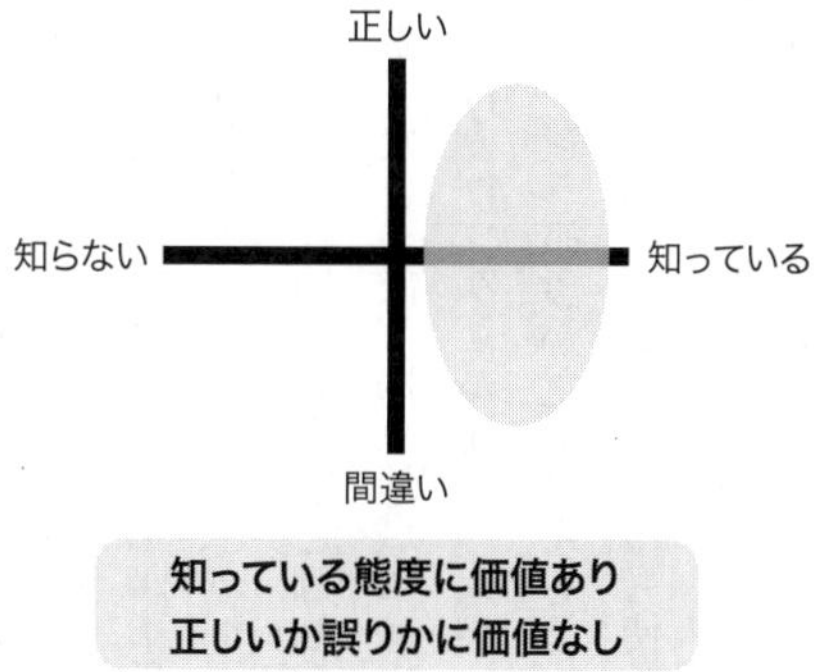

筆者作成

からなくなった。過疎地域は人がなかなか歩いていないので、尋ねられる人がいなかった。しばらく進んだ所にコンビニがあったので、そこにいた人に道を尋ねた。教えられた道は間違っていたので逆方向に向かってしまった。

　これは運が悪かったのではなく、過疎地域では似たようなケースがよく起こる。私はよく道に迷うので尋ねてまわることが多いのだが、関西圏の人は一緒になって探してくれるような勢いで教えてくれる。関東圏ではそこまで親身になってくれないが丁寧に教えてくれる。過疎地域では知っているふうな態度で間違った道を教えてくれる。なぜなら「知らないです」と言えば、馬鹿にされるからである。たとえそれが「間違い」でも構わないのである。つまり、過疎地域の人びとは「知らない」ことよりも、「知っている」という態度に価値を置いていた（図表33、前ページ）。

結局のところ、高速道路の分岐点となる重要な交差点に道路標識はなかった（＊現在は設置されている）。過疎地域は駅がないので道路は整備されている。それなのに道路標識がないのは驚きだった。評判のよい観光地には、くどい程に案内表示がある。それに対して寂れた地域には呆れる程に案内表示が不足している。外からやってくる者に対してスムーズに道路を走れるようにしておく、といった配慮ができない地域に誰が好んでやってくるだろうか。

つまり、過疎地域の人びとは為政者も含めて、相手の立場になって考えるのがとても苦手だった。たとえば、過疎地域には出入口がどこなのか迷う施設がたくさんある。施設に入ってても受付カウンターがなく、人がいない施設がたくさんある。そのため、どこに向かったらよいのか迷う施設がたくさんある。不安の中で施設の中を進んで、人の姿を見てほっとすることがよくある。また、いつも使っている者にしか分からないような案内表示がたくさんある。たとえば、男性用のトイレなのか、女性用のトイレなのか表示がない場合や、迷うような表記もたくさんある。図34は実際にトイレのドアに掛かっていた案内板である（実際はブルーとピンクに色分けされている）。

おそらく、おしゃれを意識してこのような表記をしているのだと思われるが、正直なとこ

図表34　トイレの案内

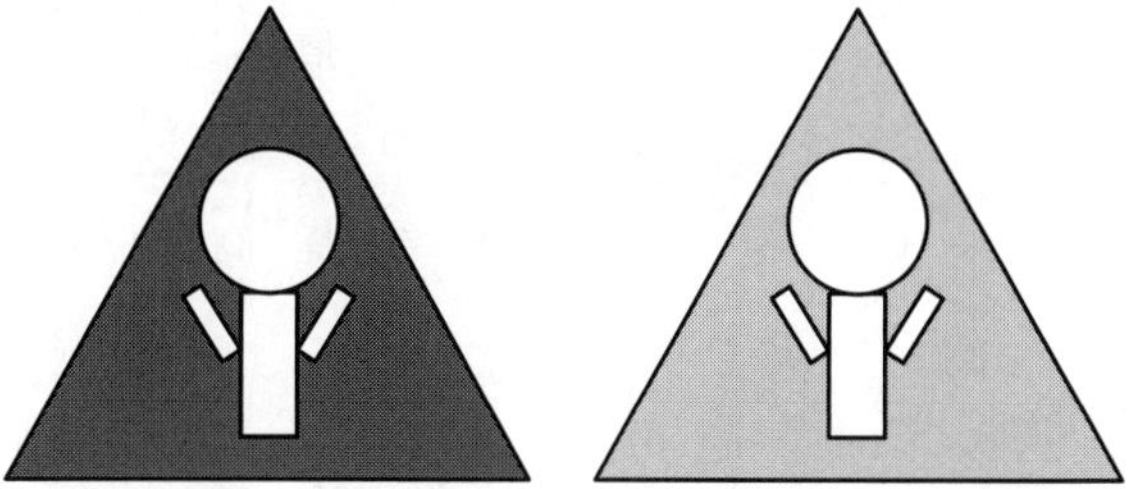

筆者作成

ろ、どちらに入ったらよいのか迷う。このとき、「分からないです」と言えば、「ブルーの表記は男性に決まっているし、ピンクの表記は女性に決まっているだろ」といった反応が返ってくる。つまり馬鹿にされるのである。そうした規範は、ああ思う、こう思うといった感覚的なものであり、捉えどころがないものだった。そのため、よそから来た者は様々な場面で分かりにくさに直面し、迷うというのが常だった。

4　直感文化

文字を読まないのは過疎地域の人びとに共通した特徴だった。専門書を読むような学びをしないのが一般的である。ましてや他分野に興味を持つといった能動的な学びはほとんどなかった。

たとえば、何かしら分からない事柄があったとき、自ら能動的に調べる習慣がないため、身近にいる者に聞くことになる。しかし、そのほとんどは素人であるため、見当違いな意見でおかしな方向に進むことがよくある。物事の利害関係者に直接聞くという手段もよく行われており、利害関係者は自ら都合のよいことしか伝えないため、無駄に高級な商品を勧められて買わされる、ということに発展する。

また、信憑性の怪しいネット情報を、あたかも真実であるかのように語る者もたくさんいた。過疎地域の人びとは感覚的に物事を捉えており、誰かが裏で手を引いているといった陰謀論のような話がとても好きだった。こうした傾向はアメリカの田舎やヨーロッパの田舎でも同じだといった話をよく耳にする。

さらに興味深いのは、自分が知っていることは他の人も当たり前のように知っていると考えている点である。たとえそれが自分の隣の家の犬の名前であっても、それを知っていて当たり前といったふうで話す。つまり、自分が興味を持っていることは他の人も当たり前のように興味を持っていると考える傾向があった。たとえば、タレントの誰々が結婚したとか離婚したとかいった話題を、さも「知っているでしょ」といったふうに話す。このとき、「知らないです」といえば、「そんなことも知らないのか」と言った反応が返ってくる。奇妙な話なのだが、流行を知らない田舎者として馬鹿にされるのである。そのため、日々のワイド

図表35　過疎地域の興味基準

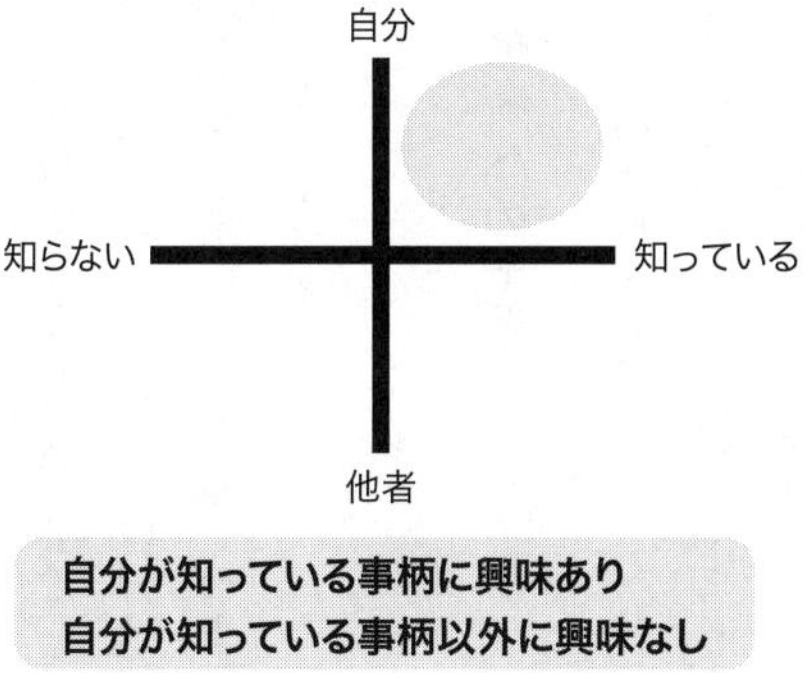

筆者作成

ショーの視聴が欠かせなくなる。

　過疎地域の人びとは基本的に、ああ思う、こう思うといった直感に従って判断しているため、他者からすれば、分かりにくさと捉えどころのなさが常にあった。このような現象が起こる要因として、過疎地域の人びとが持つ保守性と閉鎖性があるのではないだろうか。日々同じ人と触れ合い、同じ生活環境の中で暮らしている影響ではないだろうか。

　たとえば、ある日のことである。真っ暗な夜道をバイクで走っていた。不慣れな地域だったので途中で迷った。広場にいた人に目的地を尋ねたら「ここじゃないです」と言われた。真っ暗なので周囲の様子が把握しづらく、方々探しまわってようやく目的地を見つけた。そこは地元の人に尋ねた広場の隣だった。これは運が悪かったのではなく、過疎地域では似たようなケースがよく起こる。

この場合、それなら「隣ですよ」と教えてくれればよいではないかと考えがちである。しかし、過疎地域の人びとは知っている地域の中で、知っている者としか触れ合わないため、「暗いから分からないだろうな」とか、「土地勘がないから分からないだろうな」といった発想が湧かなくなっていた。自分は知っている、という事実が重要なのであり、それ以外のことはどうでもよいのである。つまり、そこまで考えが及ばなかった私の方が大きなミスを犯していたのである。

他者への干渉

ー田舎の息苦しさ

過疎地域が持つ田舎のいやらしさとして、他者への干渉がある。これは過疎地域の人びともたびたび話題にしており、「イジメに遭った」とか、「イジメられている」といった言葉を使っていた。

過疎地域では学校を卒業したばかりの若者が、他者への干渉に耐えられずに会社を辞めることがよくある。若者でなくとも、精神的に追い詰められて胃潰瘍《いかいよう》になる者や、鬱《うつ》病になってしまう者もいる。

ネットゲームの世界でも、他者のプレイ方法をやたらと指摘し、他者への干渉を行う者がいる。そのような者を、「田舎コミュニティ所属のプレイヤー」と呼ぶ者もおり、他者への干渉は、田舎のいやらしさとして一般的に認知されていると推察できる。

ただし、他者への干渉が一概に、田舎のいやらしさとも言い切れない場合がある。なぜなら、他者への干渉には、自分本位の干渉と、他者本位の干渉があると私は考えているからである。

自分本位の干渉とは、自らの正義のために行う。それは相手を否認した感情的な行為であり、指摘や指導のかたちで行われる。自分本位であるがゆえに思い込みの類が多分に含まれており、感情的であるがゆえにエスカレートして排斥的な行動につながる。

それに対して他者本位の干渉とは、他者への好意である。それは相手を承認した理性的な行為であり、愛情や援助のかたちで行われる。他者本位であるがゆえに思いやりの類が多分に含まれており、理性的であるがゆえに他者を救うことがある。

たとえば、鹿児島県の志布志市で次のような事例がある。志布志市はゴミの分別が細かく設定されているため、一人暮らしのおばあちゃんがゴミの分別が上手くできず、ゴミが返却されてしまった。おばあちゃんはそれ以降、ゴミを出すのが怖くなり引きこもってしまった。家にはゴミがどんどん溜まりゴミ屋敷になっていた。そこに社会福祉協議会のボランティアスタッフがやってきて、その場でゴミを分別して片付けた。そして、おばあちゃんの話し相手になり、心配事を一つ一つ解決していった。その結果として、おばあちゃんは元気を取り戻して高齢者サロンにも顔を出すようになった。これは他者への干渉がよい効果をもたらしたケースである。

とはいえ、本人がどう考えているかは、他人には決して分からない。他者本位の干渉と、自分本位の干渉は裏腹の関係にある。たとえ好意による行為であったとしても、迷惑と感じられることがたくさんあるのも事実である。そのため都心では一定の距離感を保ちながら他者への干渉を行っている。

その距離感を過疎地域の人びとは容易に越えてくる。なぜなら、過疎地域は自発性を尊重しているため、勝手にルールを決めて、勝手に他者に押し付ける行為が許される傾向があるからだ。過疎地域は目的が不明確であり、責任や役割が曖昧であるため、規範とも呼ぶべき一定のルールがないと落ち着かない者が一定数いた。過疎地域は経験に基づくコツを重視しているため、自分が有利な環境になるようルールを決めたがる者が一定数いる。そうした者たちが自らの直感に従ってルールを決めて、一方的に他者に押し付けるといった構図である。

そこに権限のあるなしや、スキルのあるなしは関係なかった。草野球チームとして、ルールを決める者がいるのか、いないのか、という問題である。むしろ教養のない者ほど、ルールを決めたがる傾向があった。そうしてつくられるルールは、ああ思う、こう思うといった感覚的なものであり、捉えどころがないものがほとんどである。

たとえば、業務の進め方や方法、整理の仕方など、服装は白のみ、黒のみといったルールを勝手に決める者、また業務時間外に自発的に掃除を始め、それをまわりにも強制する者がいた。そのため、就業時間の十五分前に出社して掃除をするといったルールがつくられる。

そうしたルールは自分の都合のよいようにつくられる場合もあれば、管理者の都合や好みに合うようにつくられる場合もあった。他者から見ればどうでもよいことを一つ一つ勝手に決め、まわりにも強制するといった具合で他者への干渉につながり、それらが積み重なって〝田舎の息苦しさ〟が生まれていた。

【田舎の息苦しさ】

①どうでもよいことを決めたがる者がいる。
②どうでもよいことにやたらこだわる者がいる。
③どうでもよいことを繰り返し指摘する者がいる。

2　田舎の正義

先に触れたネットゲームでも、「オレルール」と呼ばれるものがあり、自分のプレイスタイルに他者を従わせようとする者がいる。構造としてはどちらも同じであり、田舎の事例はそれが現実社会で起こっていると考えれば分かりやすいだろう。それは、ああ思う、こう思うといった感覚的なルールであるため、全体の効率が悪化する場合や、そもそもの方向性が間違っている場合がよくある。そして、そのルールにより、物事が上手く運ばない場合、その責任は、ルールをつくった者ではなく、ルールを上手く使いこなせていない誰かしらの責任として扱われる。この責任移譲の構造は、スポーツの指導者に当てはめると分かりやすいのではないだろうか。

たとえば、かつてのスポーツの指導者たちは選手を叱ったり、殴ったりという指導しかできない者がほとんどだった。なぜなら、こうした指導者は戦術家であり、一人の選手として、その他の選手を指導していたからである。分かりやすく伝えるスキルがないため、おのずと上の立場であることを利用して威圧する傾向があった。直感で物事を判断するため間違えるリスクも大きかった。また、一人の選手として、他の選手と同じ立ち位置にいるため、勝てば「オレのおかげ」、負けたら「あの選手のせいだ」と言って、自分の判断の正しさを主張する傾向があった。

これに対して戦略家の指導者は、目的と役割を明確にし、誰を、いつ、どこに、どのように配置し、それにより、どのような効果が得られるのかを常に考えていた。分かりやすく伝えるスキルがあるため、選手を威圧しなくてもチームのパフォーマンスを向上できた。選手と違う立ち位置にいるため、選手とは違う視点を持ち、勝てば「あの選手のおかげ」、負けたら「オレが悪かった」と言って責任を負う傾向があった。

他者への干渉を行う者は、かつてのスポーツの指導者と共通している面があった。物事が上手く運ばない責任を、誰かしらの責任として扱うのである。また、絆とか、助け合いといった言葉を使って、他者をある一定の枠にはめたがる傾向があった。やり方や好みを統一させていくのである。

このとき、やり方や好みは、人それぞれであるため、そのルールに馴染まない者もいる。そうした者は悪者として扱われ、「まわりに悪い影響がある」「人間性に問題がある」「ルールに従うのが当たり前」といったかたちで指摘や指導が行われる。悪い空気を取り除くといった正義を主張して他者を叱る。この叱るという行為は、自らを正義と考えているからできる行為でもある。そこにあるのは、自分こそが正義であるという自負だった。どれほど相手を傷つけていても、どれほど排他的な行為であっても構わないのである。火のないところに煙を立ててでも他者を追い落とそうとする。

たとえば、私の場合、他者への干渉をあからさまな表情で嫌がったため、やっていないことを、やっていると報告されたことがある。そのときは、やっていないことを、まわりも知っており、それを証言してくれたので助かったが、精神的にかなり追い詰められた。

他者への干渉の厄介なところは、それを嫌がると、その干渉に拍車がかかる点である。他者への干渉を行う者は正義を行っているのであり、決してそれを止めようとはしなかった。あるとき、第三者として、他者への干渉を行っていた者に、「どこまでやれば気が済むのか」と尋ねたところ、「いなくなるまで叩きのめす」といった返答だった。

他者への干渉を行う者は、白か黒か、０か１００かといった二者択一の思考で物事を捉える傾向があった。白と黒のあいだにあるグレーや、０～１００のあいだといった捉え方を認めないのである。そのため、枠組みから少しでも外れると、「とんでもない」といった具合に他者を叱った。また、年齢の高い者ほど他者への干渉を行う傾向があった。そして、他の場所でも同じことを繰り返す傾向があった。

　こうした他者への干渉が横行している要因として、過疎地域にはこれといった娯楽や刺激がないため、時間をもてあましている者が一定数いる点も挙げられる。人は忙しすぎると余裕がなくなり、些細なことでトラブルが起こりやすくなるのは、誰もが経験しているため容易に想像できるだろう。その逆の場合、つまり暇すぎてやることが何もない環境にいると、自分とは違う他者の行動がやたらと気になる。

　たとえば、中央政府や地方自治体が行う期間限定のイベント事業は、その職場が暇になることがたびたびあった。会場の一日の来場者は多くても六人程で、来場者が訪れない日もあった。それでも飛び込みの来場者があるため、十五人程のスタッフが常に待機していた。そのような暇な職場では、普段は気にならないような他者の行動がやたらと気になる。そのうち、どうでもよい些細なことが気に入らなくなる。それは日増しに大きくなり、どうでもよい些細なことで他者に指摘や指導を始める。つまり、正義の行使が始まるのである。

図表36　他者への干渉

自分本位	正義	否認	排除	感情的	思い込み	二者択一
他者本位	好意	承認	救い	理性的	思いやり	多肢選択

筆者作成

じつのところ、私はこのときに、その他者への干渉を受けた。そこで、この仕事を斡旋していた派遣会社の担当者に「他の職場でも同じようなことが起こっていますか」と尋ねたところ、「50％くらいの確率でそうした問題は起こる」とのことだった。職場の駐車場まで来ているが、干渉が怖くて車両から出ることができず、「仕事に行けない」といった相談があるそうだ。

こうした他者への干渉を避ける唯一の手段は、アルプスの少女ハイジに登場するおじいさんのように、人びととの交流を絶って、山頂の小屋にこもってひっそりと生活するしかなかった。私のように過疎地域の人びとと仕事をしている場合は、そうした他者への干渉に慣れるしかなかった。そのため、現在では黙って従うようにしている。波風を立てたくないといった思いが、そのような選択をさせている。おのずと、おとなしく、何もせず、じっとしておくといった保守的な思考に傾斜していくのである。そのため、ふとしたときに、「保守的な思考に染まっているな」と気が付くことがよくある。

過疎地域と都心のへだたり

過疎地域の人びとと都心の人びとのあいだには何かしらの違いがある。その何かしらの違いとはいったい何か。かつての私もそうだったが、都心の人びとが過疎地域にやってきてまず思うのは、相互行為システムと組織システムの違いである。

歴史的な背景を見たとき、生産性が低い中で社会をつくるには相互行為システムが最も適していた。経験主義に基づく自発性を尊重し、集団意識を高めたうえで物事に対処するのが効率的だった。その効率性が時代の流れとともに変わった。近代産業技術が発達し、生産性が格段に向上した現在では、合理主義に基づく戦略家による組織システムが最も効率的になっている。

このとき、都心で暮らしている者は、過疎地域の相互行為システムを組織システムに変えれば、すべてが丸く収まると考えがちである。しかし、それは丸く収まるどころか、より多くの軋轢を生み出す結果になる。なぜなら、過疎地域の人びとは相互行為システムに慣れ親しんでおり、そこに居心地のよさを感じているからだ。この相互行為システムと組織システムは、どちらが優れているか、劣っているかというものではなく、その地域で暮らしていくための構造的な知恵である。

私たちはついつい日本民族という枠組みの中で、アイヌ民族であるとか、琉球民族といったかたちで先住民族を定義しがちである。同じ日本民族の中に、それらの先住民族とよく似た田舎の思考を持つ人びとが存在し、過疎地域を形成して生活を営んでいるといった認識が薄くなっているのではないだろうか。そのため、一方的なかたちで都市の思考を過疎地域に持ち込もうとするのではないだろうか。

今回、過疎地域がどのような社会システムの下で成り立ち、どのような文化システムの下で暮らしが営まれているのかについて、文化人類学の側面から考察し、田舎のいやらしさについての解明を試みたことで、漠然としていた他者への依存や、他者への干渉といった、田舎のいやらしさの正体が掴めるようになった。

そして、その田舎のいやらしさを解決する方法は存在しなかった。ひとたび逆らったら、その保守性と閉鎖性の力で叩きのめされる。「長い物には巻かれろ」といった言葉の通り、

図表37　田舎のいやらしさにおける構図（草野球チームのようなもの）

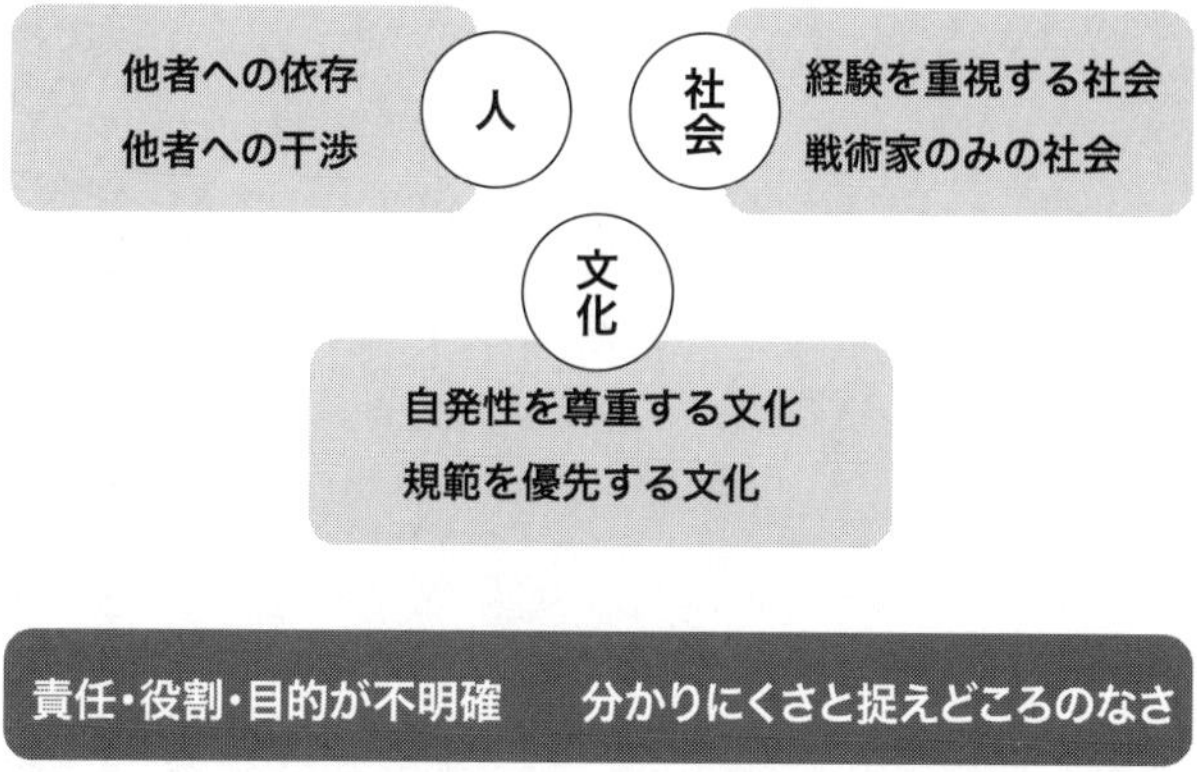

筆者作成

おとなしく従うしかなかった。過疎地域で仕事をしていくには、それが非合理的であり、非効率的であることを承知のうえで、相互行為システムに慣れるしかなかった。経験主義に基づく自発性を尊重するのが、過疎地域の人びとと上手くやっていく術だった。

つまり、社会心理学者の杉万俊夫が指摘していた、「保守性と閉鎖性」「田舎のいやらしさ」「長い物には巻かれろ」といったフレーズは、過疎地域の現実を見事に捉えていたのである。

結局のところ、私が過疎地域で出会ったのは偏狭さであり、不自由さであり、窮屈さであり、稚拙さだった。それゆえにいかんともしがたい想像力のなさである。それが、田舎者のいやらしさとなって過疎地域を覆っていた。

そして、その田舎のいやらしさを私にも感じた。窮屈さや不自由さを受け入れられない不器用さや、その稚拙さを認められない包容力のなさや、保守性や閉鎖性を嫌う偏狭さを感じた。そうした〝いやらしさ〟は、都心のいやらしさや、文化人のいやらしさと呼べるものでもあった。

つまり、私も同じような〝いやらしさ〟を持っていたということを発見して、田舎のいやらしさに対して親しみを覚えたのである。それは、私が過疎地域で暮らしていく中で得たとても大きな知見だった。

おわりに

過疎地域対策は、中央政府の重要なテーマとなっているため、これまで多くの研究結果が積み重ねられてきた。それらの研究は、都市を中心に置いた過疎地域研究であり、過疎という〝現象〟を分析するものだった。過疎地域と都市の差異を把握し、その差異を埋める手段として、「建物がないから建物をつくろう」といった具合に対策が行われてきた。

その一方で、〝地域〟についての研究はほとんど行われていなかった。とくに、過疎地域で暮らす人びとの研究については、過疎地域で暮らし、過疎地域で生活の糧を得ていく中で得られる知見であるため、深く触れずに置いておくといった手法が取られていた。そのような地域の人びとを除外した研究により、これまでの過疎地域対策は上手くいっていないのが現実だった。都市を中心に置いた過疎地域研究の問題点が明確になったのではないだろうか。

たとえば、ある研究者は、過疎地域の人びとが主体性を持つことの大切さを訴えていた。しかし、過疎地域の人びとは、都心のような競争のある環境など求めていなかった。過疎地域で暮らす人びとの望みは、気楽に日々を過ごし、気楽に生活を営み、静かに衰えていくことだった。家のまわりで野菜をつくってみたり、鳥や牛や豚を飼ってみたり、魚を獲りに行ってみたり、アルコールを飲みながらＴＶに向かって文句を言ってみたり、それぞれが気楽な生活を楽しんでいた。それがたとえ一人であっても自発的に何かしらの楽しみを見つけて暮らしていた。ときには集落の集会で同じ価値観を持つ人たちと談笑し、定期的に祭りごとを楽しんでいた。そこに若者がいないことで気楽な生活を楽しめていた。過疎地域の人びとにとって価値観の異なる若者の存在は鬱陶《うつとう》しいのである。若者がいなくなって困るとか、不便だからとか、選択肢がないからとかいうのは、都心で暮らしている者たちの勝手な思い込みではないだろうか。

また、ある研究者は、地域の伝統を継承していく重要性を訴えていた。たしかに伝統芸能や山村の原風景を守りたいという一部の声が、過疎地域にあることは認める。それでは、それを守るために何をしているだろう。まったく何もしていないのである。過疎地域で暮らしている大部分の人びとは、地域の伝統がどうなろうが、山村の原風景がどうなろうが、まったく興味がないというのが本音だった。つまり、そうした理念は都心で暮らしている者たちの勝手な思い込みであり、情緒的な自己満足でしかなかった。

僭越《せんえつ》ながら、伝統芸能や山村の原風景を残したいのなら、そのように主張している者たちが過疎地域で暮らしたらどうだろう。過疎地域を理想化して高みから語るのではなくて、過疎地域の人びとと一緒に仕事をしてみてはどうだろう。保守性と閉鎖性を押し付けられる行為を通じて、そこにあるいやらしさを知る努力をしてみてはどうだろう。

そもそも、現在、日本各地に過疎地域があるのは、人びとが時代の流れに適応し、住み分けを行った結果である。過疎地域で暮らしたい人と、都市で暮らしたい人の住み分けの結果として過疎地域が存在している。その結果を覆してまで過疎地域を活性化させる必要が本当にあるのだろうか。社会学者が口を出し、中央政府が手を出すのは、いらぬお世話ではないだろうか。

活性とは、物事が流動している状態を表す。不活性とは物事が停滞している状態を表す。地域が停滞していてもよいのではないだろうか。自分なりの楽しみを見つけて暮らしているのであれば、他人がとやかく言う問題ではないのではないだろうか。一歩引いて心の活性化は必要かもしれないが、地域の活性化は不要ではないだろうか。本当の意味での活性化は、そこで暮らしている人びとが楽しむことで生まれる。小さな楽しみの積み重ねが生き生きとした生活につながる。そこに意識の高さや競争といったものは不要なのではないだろうか。

私も都心で暮らしていた頃は、過疎地域の活性化は正論だと考えていた。過疎地域の発展は地域の人びとの幸せにつながると信じていた。活気のある町がよい町であり、寂れた町はよくない町だと思い込んでいた。そうした思い込みが、過疎地域での暮らしを通して少しずつ変わっていった。なぜなら、過疎地域の人びとは、都市で暮らす人びととはまったく違う価値観の中で暮らしていたからだ。そこには変わらないことを望む人びとの姿があった。何一つ変わることなく、どこにも飛び立たず、廃れ、寂れ、衰えていくことを望む人びとの姿があった。

たしかに過疎地域にはこれといった見どころもなく、これといった産業もなく、これといった話題もなかった。何もないからこそ都心とは違う、いろいろな幸せがあった。たとえば、過疎地域には馴染みのある相互行為システムで暮らす心地よさがあった。夢を諦め、未来を諦め、いろいろなことを諦める気楽さがあった。また、過疎地域には男尊女卑の役割文化があった。滅私奉公の精神文化があった。極めて閉鎖的な保守文化があった。これらの文化も見方を変えると肯定的に捉えることができるのではないだろうか。そのような過疎地域を活性化する必要が本当にあるのだろうか。

中央政府は、過疎地域の活性化を止めて、過疎地域のゆるやかな後退を目指してはどうだろうか。そのような選択肢があってもよいのではないだろうか。その場合、過疎地域での生活がいよいよ行き詰まったときのために、都市に受け入れ機関をつくってはどうだろうか。そのときに生活費がないのであれば生活保護を活用すればよいだけの話ではないだろうか。中央政府はその準備を早急に始めるべきではないだろうか。

今回、調査研究や取材を通して意外だったのは、私のこうした主張に過疎地域の人びとが共感してくれたことだった。私の勝手な思い込みをなくすため、書き上げる前の原稿を過疎地域の人びとに読んでもらったところ、「まったくその通り」といった言葉をたくさんいただいた。過疎地域の人びとから共感を得られたことは何よりも励みになった。本稿が少しでも過疎地域の人びとのお役に立てたなら幸いである。

二〇二一年七月

花房尚作

筆者が住む鹿児島県曽於市の限界集落

参考文献（参照順）

【第一部　過疎地域批判】

総務省自治行政局過疎対策室、２０１６年、『過疎関係市町村都道府県別分布図』、過疎対策ｗｅｂサイト

総務省自治行政局過疎対策室、２０２１年、『過疎関係市町村都道府県別分布図』、過疎対策ｗｅｂサイト

楠見孝（著）、２０１３年、『良き市民のための批判的思考』、日本心理学会機関誌『心理学ワールド』、特集・批判的思考と心理学』

［第一章　過疎地域のよくある事例］

ピエール・ブルデュー（著）、石井洋二郎（翻訳）、２０２０年、『ディスタンクシオンⅠ』、藤原書店

ピエール・ブルデュー（著）、石井洋二郎（翻訳）、２０２０年、『ディスタンクシオンⅡ』、藤原書店

ピエール・ブルデュー（著）、石崎晴己（翻訳）、１９８８年、『構造と実践——ブルデュー自身によるブルデュー』、新評論

国立教育政策研究所、２０１８年、『親の所得・家庭環境と子どもの学力の関係』、文部科学省

政野淳子（著）、２０１３年、『四大公害病—水俣病、新潟水俣病、イタイイタイ病、四日市公害』、中公新書

郡司篤晃（著）、２０１５年、『安全という幻想：エイズ騒動から学ぶ』、聖学院大学出版会

朝日新聞「志布志事件」取材班（著）、２００９年、『虚罪—ドキュメント志布志事件』、岩波書店

木村朗（著）、２０１１年、『志布志事件とは何であったのか— 〝冤罪〟の構図とメディアの功罪を問う』、鹿児島大学法学論集

〔第二章　過疎地域のよくある問題〕

山下一仁（著）、２００９年、『農協の大罪』、宝島社新書

総務省統計局、２０２０年、『国勢調査』、総務省統計局ｗｅｂサイト

曽於市役所、２０１５年、『まち・ひと・しごと創生人口ビジョン総合戦略』、曽於市役所企画課

曽於市役所、２０２０年、『第２期　まち・ひと・しごと創生総合戦略　人口ビジョン総合戦略』、曽於市役所企画課

志布志市役所、２０２０年、『志布志市まち・ひと・しごと創生人口ビジョン（令和２年３月改訂版）』、志布志市ポータルサイト

志布志市役所、２０１６年、『統計しぶし』、志布志市ポータルサイト

竹原信一（著）、２０１０年、『独裁者〝ブログ市長〟の革命』、扶桑社

阿久根市職員労働組合、２０１２年、『〝あくね闘争〟を振り返って』、第34回兵庫自治研集会・第１分科会「新しい公共」と自治体職員の働き方

国の出先機関原則廃止プロジェクトチーム、２０１０年、『国の出先機関の原則廃止に向けて』、全国知事会

花房尚作（著）、２０１９年、『価値観の多様性はなぜ認められないのか』、日本橋出版

ジョン・ロック（著）、大槻春彦（翻訳）、１９７２年、『人間知性論（一）』、岩波文庫

ジョン・ロック（著）、加藤節（翻訳）、２０１０年、『完訳　統治二論』、岩波文庫

〔第三章　過疎地域批判〕

参考文献なし

【第二部　過疎地域分析】

総務省自治行政局過疎対策室、２０１６年、『過疎関係市町村都道府県別分布図』、過疎対策ｗｅｂサイト

総務省自治行政局過疎対策室、２０２１年、『過疎関係市町村都道府県別分布図』、過疎対策ｗｅｂサイト

［第一章　地域の活性化は本当に正しいのか］

日本創生会議・増田寛也（座長）、２０１４年、『「地域消滅時代」を見据えた今後の国土交通戦略のあり方について』、国土交通政策研究所

片山善博（著）、２０１５年、『人口減少社会における地方自治を点検する』、衆議院調査局ＲＥＳＥＡＲＣＨ　ＢＵＲＥＡＵ論究

内閣府地方創生推進事務局、『内閣官房・内閣府総合サイト　地方創生』、内閣官房まち・ひと・しごと創生本部事務局

国立社会保障・人口問題研究所、２０２１年、『人口統計資料集　２０２１年版』、国立社会保障・人口問題研究所ｗｅｂサイト

国土交通省、２０２０年、『東京一極集中の是正方策について』、国土交通省国土政策局

つかこうへい（著）、１９８５年、『熱海殺人事件』、角川文庫

森岡清志（著）、北川由紀彦（著）、２０１８年、『都市と地域の社会学』、放送大学教育振興会

北川由紀彦（著）、丹野清人（著）、２０１６年、『移動と定住の社会学』、放送大学教育振興会

伊藤勝久（著）、坂田裕輔（著）、新井圭太（著）、２０１８年、『都市と農山村からみる身近な経済』、放送大学教育振興会

河合明宣（著）、２０１５年、『地域の発展と産業』、放送大学教育振興会

藤岡光夫（著）、２００１年、『過疎地域における人口流出の要因と流出構造』、島根大学法文学部

山下祐介（著）、２０１２年、『限界集落の真実　過疎の村は消えるか？』、ちくま新書

宮崎幹朗（著）、２００８年、『過疎地域の現況と新しい過疎対策の展望』、えひめ地域政策研究センター
木下斉（著）、２０１５年、『稼ぐまちが地方を変える 誰も言わなかった10の鉄則』、ＮＨＫ出版新書

［第二章　過疎地域とは何か］

安達生恒（著）、１９７３年、『〝むら〟と人間の崩壊』、三一書房
２０２１年、『過疎地域の持続的発展の支援に関する特別措置法』、e-Gov 法令検索
大野晃（著）、２００８年、『限界集落と地域再生』、静岡新聞社
総務省、２０１７年、『過疎対策の現状と課題』、地域力創造グループ過疎対策室
総務省、２０２０年、『過疎対策の概要』、地域力創造グループ過疎対策室
総務省、２００５年～２０２０年、『過疎問題懇談会』、総務省ｗｅｂサイト
宮口侗廸（座長）、２０２０年、『新たな過疎対策の理念について』、総務省・過疎問題懇談会
総務省統計局、２０２１年、『国勢調査・人口推移』、総務省ｗｅｂサイト
全国過疎地域連盟、２０１７年、『過疎地域のデータバンク』、全国過疎地域連盟ｗｅｂサイト
杉万俊夫（著）、１９９７年、『過疎地域の活性化―グループ・ダイナミックスと土木計画学の出会い』
曽於市役所、２０１９年、『曽於市の給与・定員管理等について』、曽於市ｗｅｂサイト
国税庁、２０２０年、『民間給与実態統計調査』、国税庁ｗｅｂサイト
志布志市役所、２０１６年、『統計しぶし』、志布志市ポータルサイト
鹿児島県企画部統計課、『人口動態統計調査』、鹿児島県ｗｅｂサイト

［第三章　地域活性化の事例調査］

国土交通省、２０１４年、『国土のグランドデザイン２０５０』
国土交通省、２０１５年、『コンパクトシティの形成に向けて』

内閣官房・まち・ひと・しごと創生本部事務局、２０１９年、『まち・ひと・しごと創生長期ビジョン』、地方創生総合ｗｅｂサイト

厚生労働省、２０２１年、『出生に関する統計の概況』、人口動態統計特殊報告

廣井良典（著）、２０１５年、『人口減少時代の社会構想―地域からの離陸と着陸―』、衆議院調査局

廣井良典（著）、２００１年、『定常型社会』、岩波新書

総務省、『地方交付税制度の概要』、総務省ｗｅｂサイト

曽於市役所、２０１８年、『曽於市財政計画』、曽於市役所財政課

曽於市役所、２０２０年、『曽於市財政計画』、曽於市役所財政課

嶋田洋平（著）、２０１５年、『ほしい暮らしは自分でつくる　ぼくらのリノベーションまちづくり』、日経ＢＰ社

郷田實（著）、郷田美紀子（著）、２００５年、『増補版　結いの心―子孫に遺す町づくりへの挑戦』評言社

浜田倫紀（著）、２００２年、『「綾」の共育論―自治公民館運動を核とした地域再生への道』評言社

豊重哲郎（著）、２００４年、『地域再生―行政に頼らない「むら」おこし』、出版企画あさんてさーな

吉本哲郎（著）、２００８年、『地元学をはじめよう』、岩波ジュニア新書

［第四章　過疎地域の現地調査］

大野晃（著）、２００８年、『限界集落と地域再生』、静岡新聞社

曽根英二（著）、２０１０年、『限界集落　吾の村なれば』、日本経済新聞出版社

曽於市役所、２０２０年、『曽於市統計書』、曽於市役所企画課

総務省、２０１９年、『過疎対策の現況（概要版）』、地域力創造グループ過疎対策室

志布志市役所、２０１９年、『志布志市地域公共交通網形成計画・公共交通の課題』、志布志市ポータルサイト

国立社会保障・人口問題研究所、２０２１年、『人口統計資料集　２０２１年版』、国立社会保障・人口問題

研究所ｗｅｂサイト
山下祐介（著）、２０１５年、『人口減少時代における地域再生―都市と農村、中央と地方の健全な関係を再建することから―』、衆議院調査局
太郎丸博（著）、２０１７年、『職業威信秩序の自明性と中心／周辺１９７５‐２０１６』、京都社会学年報
下村英雄（著）、堀洋元（著）、２００３年、『職業威信と安全性拡充のための社会心理学的装置の検討』、社会技術研究論文集
ゲオルク・ジンメル（著）、松本康（翻訳）、１９０３年、『大都市と精神生活』
廣井良典（著）、２０１５年、『人口減少時代の社会構想―地域からの離陸と着陸―』、衆議院調査局
藍澤宏、有泉龍之、１９９５年、『過疎地域における集落人口変容からみた集落類型に関する研究』農村計画学会誌Ｖｏｌ．14、Ｎｏ・３
嶽本野ばら（著）、２００４年、『下妻物語―ヤンキーちゃんとロリータちゃん』、小学館文庫
［第五章　田舎のいやらしさにおける考察］
北村光二（著）、２０１４年、『島に暮らす人びとが大切にしていること』、岡山大学大学院社会文化科学研究科『文化共生学研究』第13号
奥村隆（著）、２０１０年、『行為とコミュニケーション　ふたつの社会性についての試論』、応用社会学研究Ｎｏ・52
ニクラス・ルーマン（著）、佐藤勉（翻訳）、１９９３年、『社会システム理論（上）』、恒星社厚生閣
ニクラス・ルーマン（著）、佐藤勉（翻訳）、１９９５年、『社会システム理論（下）』、恒星社厚生閣
マックス・ヴェーバー（著）、清水幾太郎（翻訳）、１９７２年、『社会学の根本概念』、岩波文庫
安達生恒（著）、１９７３年、『〝むら〟と人間の崩壊』、三一書房
杉万俊夫（著）、１９９７年、『過疎地域の活性化―グループ・ダイナミックスと土木計画学の出会い』

主なインタビュー取材地

鹿児島県曽於市　八木塚集落　曽於市役所
鹿児島県鹿屋市　やねだん　天神町
鹿児島県志布志市　志布志市役所
鹿児島県霧島市　福山町
鹿児島県南大隅町　根占集落　佐多集落
鹿児島県阿久根市
宮崎県東諸県郡綾町
宮崎県都城市
宮崎県串間市
熊本県水俣市

過疎地域での主な内部調査先

畜産業　役所　建設業　不動産業　宿泊業
地域活性化事業　助成金事業　学習支援業

謝辞

本書の作成にあたり、終始適切な助言を賜り、丁寧に指導してくださった放送大学の大村敬一教授に心より感謝いたします。また、私のような未熟者に出版の機会を与えてくださった光文社新書編集部の小松現さんに心より感謝いたします。さらに、調査の実施及び分析にあたり、快く協力してくださった大隅半島の皆様に心からお礼を申し上げます。とくに志布志市役所の皆様には大変お世話になりました。誠にありがとうございました。

本文図版制作　デザイン・プレイス・デマンド

花房尚作（はなふさしょうさく）

1970年生まれ。SHOSAKU事務所代表。1級ファイナンシャルプランニング技能士、CFP®、宅地建物取引士、管理業務主任者、マンション管理士。演出家として戯曲やシナリオを執筆し、東京都新宿区にて舞台公演を行う。また、米国（ボストン）に2年間在住し、海外40カ国（180都市）を周遊。現在は放送大学大学院にて文化人類学を研究中。さらに外資系損害保険会社やハウスメーカーでの業務経験を活かし、FP相談も行っている。多業種に手を伸ばし、まとまりに欠けるものの、それがウリでもある。著書に『価値観の多様性はなぜ認められないのか』（日本橋出版）がある。

田舎《いなか》はいやらしい　地域《ちいき》活性化《かっせいか》は本当《ほんとう》に必要《ひつよう》か？

2022年1月30日初版1刷発行
2022年9月20日　　2刷発行

著　者 ── 花房尚作
発行者 ── 三宅貴久
装　幀 ── アラン・チャン
印刷所 ── 萩原印刷
製本所 ── 国宝社
発行所 ── 株式会社光文社
東京都文京区音羽1-16-6（〒112-8011）
https://www.kobunsha.com/
電　話 ── 編集部03（5395）8289　書籍販売部03（5395）8116
業務部03（5395）8125
メール ── sinsyo@kobunsha.com

落丁本・乱丁本は業務部へご連絡くだされば、お取替えいたします。
　ISBN 978-4-334-04588-3

1146

教養としてのロック名曲ベスト１００

川﨑大助

現代人の基礎教養、ロック名曲１００を、これまでにない切り口で紹介・解説。著者の主観・忖度抜き、科学的な手法で得られた驚愕のランキングの1位は？　サブスク時代に最適のガイド。

978-4-334-04554-8

1147

日本のバドミントンはなぜ強くなったのか？

藤井瑞希

近年、なぜ日本のバドミントンは国際大会で目覚ましい結果を残しているのか。ロンドン五輪女子ダブルス銀メダリストの著者が自身の軌跡を振り返りながらその強さの秘密を語る。

978-4-334-04555-5

1148

腸と森の「土」を育てる
微生物が健康にする人と環境

桐村里紗

人の不調と、環境の不調は「土」でつながっている――最も身近な自然環境＝「腸内環境」と心身の関係、日々の食事の選択の重要性と方法を「プラネタリーヘルス」の観点から説く。

978-4-334-04556-2

1149

世間体国家・日本
その構造と呪縛

犬飼裕一

この国を支配する「空気の構造」とは？　そして、他人の目が気になるのはなぜ？　家庭で、学校で、社会で、人の心の中で、世間体はどう作用しているのか。歴史社会学者が多角的に考察。

978-4-334-04557-9

1150

「孤独」という生き方
「ありのままの自分」でいることのできる、自分だけの居場所を求めて

織田淳太郎

自らの体験に加え、孤独な生き方を実践する人たちへの豊富な取材を基に、人間の根源的な欲求を突き詰め、真に「生きる」とはどういうことかを考察する実用的ノンフィクション。

978-4-334-04558-6

光文社新書

1151

ニュースの未来

石戸諭

テレビ、新聞、出版…ニュースを巡る環境が悪化するなか、本当にこれらのメディアに未来はないのか。気鋭のノンフィクションライターが、ニュースの本質とその未来に迫る。

978-4-334-04559-3

1152

「ボヘミアン・ラプソディ」の謎を解く

〝カミングアウト・ソング〟説の真相

菅原裕子

同名映画も大ヒットした「過去１０００年で最も重要な曲」にフレディ・マーキュリーが込めたメッセージとは。膨大な資料をもとに、近年ささやかれている、ある「仮説」を検証。

978-4-334-04537-1

1153

日本の食と農の未来

「持続可能な食卓」を考える

小口広太

食の大部分を海外に依存している日本。国内の農業は高齢化や後継者不足が進み、待ったなしの状況にある。今、私たちは何を考え、行動すべきなのか。「等身大の自給」について考える一冊。

978-4-334-04560-9

1154

新聞記者、本屋になる

落合博

新聞記者であった著者はいかにしてひとり本屋を始めることができたのか。定年目前の58歳、子どもは3歳、書店員経験は0。第二の人生、妻の反対を押し切っての本屋開業記！

978-4-334-04561-6

1155

ルポ コロナ禍で追いつめられる女性たち

深まる孤立と貧困

飯島裕子

臨時休校、おうち時間、休業補償、テレワーク……。コロナ禍で生じた出来事の多くでより深刻な状況に陥ったのは女性だった。その背景にあるものを、当事者への取材から探る。

978-4-334-04562-3

1156
日本のジーパン
林芳亨

米国で生まれたジーンズがいかに日本で独自の発展を遂げたのか？　ジーンズ界の重鎮である著者がジーンズの歴史や、日本における受容のプロセス等「ジーパン愛」を語り尽くす。

978-4-334-04563-0

1157
脳の寿命を延ばす「脳エネルギー」革命
ブドウ糖神話の崩壊とケトン体の奇跡
佐藤拓己

巨大で大食漢な働き者「脳細胞」を長持ちさせる助っ人とは⁉ ヒトの脳の発達を可能にしたエネルギーとしてケトン体に注目。認知症・うつを防ぎ健康にも役立つ栄養摂取法を考察する。

978-4-334-04564-7

1158
田舎暮らし~~読~~毒本
樋口明雄

田舎暮らしにスローライフは存在しない！　東京から自然豊かな地方に移住して20年の小説家が満を持して贈る、田舎暮らしのノウハウと闇。本書を読まずして移住するべからず！

978-4-334-04565-4

1159
知ってるつもり
「問題発見力」を高める「知識システム」の作り方
西林克彦

「わからない」を見つけるために「きっちりわからなくなる」には？　ロングセラー『わかったつもり』刊行から16年。今最も求められる「問題発見力」を身につける方法を解説。

978-4-334-04566-1

1160
大下流国家
「オワコン日本」の現在地
三浦展

経済力の低下、人口縮小、ジェンダー格差、メディアの怠慢……この国はどこまで堕ちてゆくのか？　80万部超のヒット作『下流社会』から16年、最新データを基に再び日本を斬る。

978-4-334-04567-8

1166

なぜ中学受験するのか？

おおたとしまさ

やり方次第で「良薬」にも「毒」にもなるのが中学受験。気鋭の教育ジャーナリストが膨大な取材経験と古今東西の文献から導き出した、中学受験の是非論へのファイナルアンサー。

978-4-334-04573-9

1167

毛

生命と進化の立役者

稲葉一男

えっ!? 脳の中の毛？ ウイルスから守る毛？ CO_2で止まる毛？「細胞の毛」研究三〇年のスペシャリストが、生き物や自然、そして私たちの命を支える驚くべきミクロの世界を綴る。

978-4-334-04574-6

1168

肥満・糖尿病の人はなぜ新型コロナに弱いのか

「糖質過剰」症候群Ⅱ

清水泰行

新型コロナのパンデミックや病状悪化の要因となると考えられる糖質の過剰摂取。本書では糖質過剰が新型コロナだけでなく数多《あまた》の疾患の原因となる理由を、最新研究を交え伝える。

978-4-334-04575-3

1169

人生を変えた韓国ドラマ 2016～2021

藤脇邦夫

「愛の不時着」「梨泰院《イテウォン》クラス」「賢い医師生活」「イカゲーム」など世界を席巻するKコンテンツの一つとなった韓国ドラマ。その深い魅力を傑作80選とともに徹底解説！

978-4-334-04576-0

1170

不登校・ひきこもり急増

コロナショックの支援の現場から

杉浦孝宣＋NPO法人高卒支援会

コロナ禍で不登校・ひきこもりの子どもたちは増えただけでなく、可視化されづらくなった。リアルとオンラインを駆使することで前よりもパワーアップした支援現場の知見を学ぶ。

978-4-334-04577-7

光文社新書

1171
保健所の「コロナ戦記」TOKYO2020－2021
関なおみ

'20〜'21年にかけ、保健所と都庁の感染症対策部門の課長としてコロナ対策の第一線で指揮を執り続けた公衆衛生医師の記録。国立国際医療研究センター・大曲貴夫氏との対談も収録。

978-4-334-04578-4

1172
火星の歩き方
臼井寛裕　野口里奈　庄司大悟

気球でまわる火星一周の旅から、標高2万m超のオリンポス登山、自然の造形美あふれる極地ツアーまで。3人の研究者による、火星の魅力がとことん詰まったガイドブックの決定版！

978-4-334-04580-7

1173
JJとその時代
女のコは雑誌に何を夢見たのか
鈴木涼美

JJに象徴される雑誌は、なぜ多くの女性の心をとらえたのか。単なるファッション情報だけではない、女性が託したもの、夢見たものとは何か。雑誌の時代への限りない愛着をこめた挽歌。

978-4-334-04583-8

1174
〈問い〉から始めるアート思考
吉井仁実

「問い」は「答え」より大きな力を持つ。生きることは「問い」の模索である――。「目に見えないものを見る」には？　アートディレクターと考える、アイデア&イノベーションの育み方。

978-4-334-04581-4

1175
オリックスはなぜ優勝できたのか
苦闘と変革の25年
喜瀬雅則

下馬評を大きく覆し、2年連続最下位からのペナント制覇は、いかに成し遂げられたのか？　逆に、なぜかくも長き暗黒時代が続いたのか？　元番記者が豊富な取材で綴る。

978-4-334-04582-1

1176
ヘーゲル哲学に学ぶ 考え抜く力
川瀬和也

哲学の基本スキルである「考え抜く力」は、同時に人生一〇〇年時代の「社会人基礎力」でもある。十九世紀ドイツのヘーゲル哲学が、二十一世紀のビジネスに〝効く〟理由とは？

978-4-334-04585-2

1177
田舎はいやらしい
地域活性化は本当に必要か？
花房尚作

「地域活性化は正しい」――これは都会に住む者の勝手な思い込みでは？　過疎地域在住12年の著者が、現地での調査やインタビューをもとに過疎地域の〝本音と建前〟を鋭く描き出す。

978-4-334-04588-3

1178
ルポ 座間9人殺害事件
被害者はなぜ引き寄せられたのか
渋井哲也

判決から1年――。わずか2カ月で9人が犠牲になった「座間9人殺害事件」はなぜ起きたのか。若者の生きづらさを長年取材してきた著者が、被害者の心情にも迫りながら再検証する。

978-4-334-04586-9

1179
メタバースとは何か
ネット上の「もう一つの世界」
岡嶋裕史

フェイスブックはなぜ「メタ（Ｍｅｔａ）」に社名変更したのか？　ＩＴのわかりやすい解説に定評のある著者が、話題の「メタバース」の基礎から未来の可能性までを語る。

978-4-334-04584-5

1180
「非会社員」の知られざる稼ぎ方
村田らむ

これまでにないジャンルに根を張って、長年自営で生活している人がいる。自分で敷いたレールの上にあるマネタイズ方法を、特殊分野で自営を続けるライター・村田らむが紡ぐ。

978-4-334-04587-6